AF586107

LE PETIT COMPTABLE

MANUEL PRATIQUE
DE
TENUE DES LIVRES

DES LIVRES DE COMMERCE
DES EFFETS DE COMMERCE. — DES COMPTES
COMPTES COURANTS
BALANCES. — INVENTAIRES, ETC.
DIFFÉRENTS ARTICLES RAISONNÉS ET PASSÉS EN ÉCRITURES
SUR LES DIVERS LIVRES DE COMMERCE

PAR

Eugène FLEURY
Professeur-Comptable diplômé

NOUVELLE ÉDITION

Revue, corrigée et augmentée de nombreux exercices et devoirs gradués et d'un lexique commercial

Ouvrage inscrit sur la Liste des ouvrages adoptés par la Ville de Paris et par le Département de la Seine
Séances des 5 et 7 Décembre 1901
et couronné à l'Exposition internationale de Lille 1902

Souscription du Conseil municipal de Paris
et du Conseil général du département de la Seine en 1910.

ROUEN
IMPRIMERIE DE LA VICOMTÉ
75, Rue de la Vicomté, 75
—
1913

MANUEL PRATIQUE

DE

TENUE DE LIVRES

LE PETIT COMPTABLE

MANUEL PRATIQUE

DE

TENUE DES LIVRES

DES LIVRES DE COMMERCE
DES EFFETS DE COMMERCE. — DES COMPTES
COMPTES COURANTS
BALANCES. — INVENTAIRES, ETC.
DIFFÉRENTS ARTICLES RAISONNÉS ET PASSÉS EN ÉCRITURES
SUR LES DIVERS LIVRES DE COMMERCE

PAR

Eugène FLEURY

Professeur-Comptable diplômé

NOUVELLE ÉDITION

Revue, corrigée et augmentée de nombreux exercices et devoirs gradués et d'un lexique commercial

Ouvrage inscrit sur la Liste des ouvrages adoptés par la Ville de Paris et par le Département de la Seine

Séances des 5 et 7 Décembre 1901

et couronné à l'Exposition internationale de Lille 1902

Souscription du Conseil municipal de Paris
et du Conseil général du département de la Seine en 1910.

ROUEN

IMPRIMERIE DE LA VICOMTÉ

75, Rue de la Vicomté, 75

1913

PRÉFACE

La tenue des livres est, pour le commerçant ou le négociant, le flambeau qui l'éclaire sur sa vraie position, lui sert à se diriger dans ses opérations commerciales et lui fait connaître en tout temps l'état de ses affaires.

On ne saurait donc trop recommander aux commerçants ou aux négociants d'apporter le plus grand soin dans la tenue de leurs livres.

*
* *

Nous offrons à la jeunesse qui se destine aux affaires une méthode simple et pratique dont elle retirera les plus grands fruits.

Nous certifions que les personnes qui suivront d'un bout à l'autre les leçons, les *exemples* et les *explications* contenus dans notre ouvrage, possèderont non seulement la théorie, mais encore une *pratique* suffisante pour tenir avec succès les différents livres d'une maison de commerce.

Eug. Fleury, *comptable*.

CHAPITRE PREMIER

LEÇON PREMIÈRE

LIVRES DE COMMERCE

Les livres de commerce servent à guider le commerçant dans ses différentes opérations commerciales.

Les principaux livres de commerce sont : le brouillard, le journal, le grand-livre, le livre de caisse, le livre de magasin, le carnet d'échéances, le livre de dépenses, le livre de frais généraux, le livre des inventaires et le copie de lettres.

La loi n'exige que trois livres : le journal, le copie de lettres et le livre des inventaires.

Le grand-livre, tout en n'étant pas exigé par la loi, est un livre indispensable au commerçant, car il permet de juger très rapidement la situation des comptes.

DU BROUILLARD

Le brouillard est un registre sur lequel on prend note à la hâte des opérations que l'on fait au moment meme où elles ont lieu.

On met au milieu de la page la date entre deux filets égaux pour détacher les articles ; à la ligne suivante on explique la nature de l'opération et les conditions de l'achat ou de la vente, puis on porte la somme dans la colonne des chiffres.

(Cherchez le brouillard, et voyez comment il est tracé et de quelle manière sont écrits les articles.)

DU JOURNAL

Le journal est le registre fondamental du négociant, et celui qui est exigé par la loi. Il doit être tenu avec le plus grand soin, sans rature ni surcharge. C'est pourquoi l'on ne peut le rédiger au fur et à mesure que l'on fait des opérations, et qu'il est nécessaire de prendre préalablement des notes sur un brouillard, en attendant que l'on puisse rédiger le journal avec toute la précaution qu'il exige ; ce qui a lieu ordinairement le soir, lorsque le calme a succédé au tumulte des affaires.

On place, comme au brouillard, en tête de chaque article, la date entre deux filets égaux : à la ligne suivante, on écrit en caractères saillants le nom du *débiteur* et celui du *créancier*, avec la somme immédiatement après ; puis vient le libellé, c'est-à-dire l'explication succincte, mais exacte, de l'opération, et l'on répète la somme dans la colonne des chiffres, afin qu'en cas d'erreur leur disparité réveille l'attention du teneur de livres.

(Voyez le journal, et remarquez-en le tracé et la rédaction laconique et complète).

Rectification d'une erreur au « Journal ». — Pour rectifier une erreur au Journal, comme on ne doit ni gratter ni surcharger l'écriture, il faut passer un ou plusieurs articles pour rectifier celui qui est erroné. — C'est ce qu'on appelle contrepasser un article.

DU GRAND-LIVRE

Dans le journal, les articles se suivent au hasard, de sorte que si le négociant a besoin de connaître, par exemple, si Pierre reste son débiteur, il faut qu'il réunisse les différents articles disséminés dans le journal sous ce nom, qu'il mette d'un côté, sur une feuille volante, ce que cet individu a reçu de lui, et, de l'autre, ce que cette même personne lui a donné, afin de faire une soustraction ; or, ce travail est long et pénible, et ne peut être fait que difficilement au milieu des affaires. Pour épargner ces recherches ennuyeuses et la perte d'un temps précieux, les négociants ont imaginé de consacrer une ou plusieurs pages d'un registre à chacun des individus avec qui ils font des transactions autrement qu'au comptant, et de porter, à mesure qu'ils font avec eux des opérations de ce genre, dans les colonnes du *doit* ou de l'*avoir*, tracées sur la page, les sommes que ces individus leur doivent ou qu'ils en ont reçues, de manière à n'avoir plus besoin que de faire une soustraction au moment de régler, pour savoir lequel est débiteur ou créancier de l'autre, et de combien. C'est ce registre qu'on appelle *grand-livre*.

LIVRE DE CAISSE

Le livre de caisse est destiné à faire connaitre les dépenses et les recettes. On porte les sommes qu'on reçoit dans la colonne du *doit*, et celles qu'on paie dans la colonne de l'*avoir*, de sorte qu'une simple soustraction peut toujours faire connaitre l'état de la Caisse.

LIVRE DE MAGASIN

On porte sur ce registre les marchandises qui entrent en magasin, du côté *Entrée*, et celles qui sortent du côté *Sortie*. Comme elles sortent en plusieurs fois, il y a du côté de la sortie plusieurs colonnes où l'on inscrit successivement les marchandises vendues. Veut-on connaître ce qui reste de telle espèce de marchandises ? On soustrait les quantités sorties, et la différence apprend ce qui reste. En multipliant cette différence par le prix coûtant, placé dans la colonne qui se trouve à la suite de la ligne d'inscription de la marchandise, côté de l'entrée, on sait immédiatement pour quelle somme il en reste en magasin.

CARNET D'ÉCHÉANCES

Ce registre est composé de deux feuilles :

1° *Effets à recevoir.* Le commerçant inscrit sur cette feuille les billets ou effets reçus en payement avec les échéances et en indiquant les valeurs.

2° *Effets à payer*. Sur cette feuille, le commerçant inscrit, en y mentionnant les valeurs et les échéances, les billets ou effets que le commerçant doit payer. (Voir les modèles).

LIVRE DES DÉPENSES (DÉPENSES DE MAISON)

Sur ce livre on porte les sommes que l'on paye à chaque instant pour l'entretien du ménage. Tous les mois on les additionne et l'on en porte le total sur le livre « Journal ».

LIVRE DES FRAIS GÉNÉRAUX

Sur ce livre on porte les dépenses qu'occasionne le commerce.

On les additionne chaque mois et l'on en porte le montant au livre « Journal ».

LIVRE DES INVENTAIRES

Registre où le commerçant relate, chaque année, tout ce qu'il possède, c'est-à-dire son Actif, et tout ce qu'il doit, c'est-à-dire son Passif.

Ce livre doit être, comme le journal, visé et paraphé par le juge du Tribunal de commerce, ou à défaut par le juge de paix.

COPIE DE LETTRES

Registre où le commerçant copie toutes les lettres qu'il adresse à ses correspondants, fournisseurs et clients.

LEÇON IIe

DES COMPTES

Il y a 4 catégories de comptes.

1. Capitalisation	Capital. Profits et pertes. Inventaires.
2. Généraux	Caisse. Marchandises. Effets à recevoir. Effets à payer.
3. Spéciaux	Matériel. Mobilier. Frais généraux. Dépenses de Maison.
4. Personnel	Tous les fournisseurs (Créanciers). Tous les clients (Débiteurs).

Dans le langage du Commerce on appelle débiteur celui qui reçoit (**Doit**) et créancier celui qui donne (**Avoir**).

Principe : *Tout ce qui entre est débiteur.*
Tout ce qui sort est créancier ou créditeur.

Qui est-ce qui donne ? — *Compte créancier ou créditeur.*
Qui est-ce qui reçoit ? — *Compte débiteur.*

Le commerçant est représenté dans ses livres :
1° Par le compte de Caisse.
2° Par le compte de Marchandises générales.
3° Par les comptes d'Effets à recevoir et d'Effets à payer.
} Comptes généraux.

— Le compte Capital personnifie le commerçant ; il représente toute sa fortune.

— Le compte de Profits et Pertes fait connaitre les profits et les pertes du commerçant ; il les recueille au fur et à mesure qu'ils se produisent ; et c'est le résultat final qui est transporté chaque année, au compte de *Capital*, c'est-à-dire le solde débiteur ou créditeur du compte de profits et pertes.

Les comptes personnels, ou comptes correspondants, sont ceux que l'on ouvre aux individus avec lesquels le commerçant fait habituellement des opérations à terme.

LEÇON IIIe

CAPITAL

Ce compte est débité de tout ce qui le diminue.
est crédité de toutes les valeurs possédées et des bénéfices.

On *solde* ce compte en portant au débit, par le crédit de *Compte nouveau*, la valeur des effets en circulation.

PROFITS ET PERTES

Ce compte est débité de toutes les pertes du commerçant,
est crédité de tous les bénéfices.

Si le solde de profits et pertes est créditeur, il y a un bénéfice, il faut donc transporter ce bénéfice au crédit de capital, car ce bénéfice augmente l'actif.

On écrira au journal :

« Profits et Pertes à Capital. »

Si le solde est débiteur, il y a perte, et, par conséquent, augmentation du passif.

On écrira au journal :

« Capital à Profits et Pertes. »

INVENTAIRE GÉNÉRAL

(Voir le modèle et les explications, chapitre V.)

La loi oblige de faire un inventaire tous les ans, mais sans en indiquer l'époque. Il est encore nécessaire de faire l'inventaire :

1o En cas de cession ;

2o En cas de faillite, afin d'exposer sa situation aux créanciers.

CAISSE

Ce compte est débité de toutes les recettes.
est crédité de toutes les dépenses
est soldé en portant au crédit, par le débit de *Compte nouveau*, le montant des espèces en caisse.

MARCHANDISES GÉNÉRALES

Ce compte est débité par les achats des marchandises (Entrée).
est crédité par les ventes des marchandises (Sortie).
est soldé en portant au crédit, par le débit de *Compte nouveau*, la valeur des marchandises restant en magasin.

EFFETS A RECEVOIR

Ce compte est débité des effets que le commerçant reçoit.
est crédité des effets transmis par endossement (il les donne).
est soldé en portant au crédit, par le débit de *Compte nouveau*, la valeur des effets en portefeuille.

EFFETS A PAYER

Ce compte est débité. Effets que le commerçant souscrit et où il est *le tiré*.
est crédité. Effets qui rentrent
est soldé, par le crédit de *Compte nouveau*, la valeur des effets en circulation.

FRAIS GÉNÉRAUX

Ce compte est débité de toutes les dépenses faites par le commerçant pour son commerce.

Pour le solder :

On écrit au journal : *Profits et Pertes à Frais généraux* ; ce compte présente généralement un solde débiteur.

DÉPENSES DE MAISON

Ce compte est débité de toutes les dépenses faites pour le ménage du commerçant.

Pour le solder :

On écrit au Journal : *Profits et Pertes à Dépenses de Maison ;* ce compte, comme le précédent, présente généralement un solde débiteur.

MATÉRIEL-MOBILIER

Ces comptes sont débités des valeurs du matériel et du mobilier, sont crédités de toutes les dépréciations.

RÈGLES

1. — Pour terminer les écritures, il faut solder tous les comptes du Grand-Livre, c'est-à-dire porter au *débit* de chaque compte ce qui lui manque pour égaler le *crédit*, ou bien porter au *crédit* ce qui lui manque pour égaler le *débit*.

Si le *débit* surpasse le *crédit*, le solde est débiteur.

Si le *crédit* surpasse le *débit*, le solde est créditeur.

Si le *débit* égale le *crédit*, le compte est soldé.

2. **Réouverture des Comptes**. — Si les opérations doivent continuer, il faut rouvrir les comptes du Grand-Livre par la formule *A Compte ancien*

ou *par Compte ancien*.

Pour cela, dans chaque compte, on porte du côté opposé au solde la somme qui représente ce solde, de sorte que le compte qui fournit (Compte ancien) est débiteur et le compte qui lui succède (Compte nouveau) sera créditeur et réciproquement.

NOTA. — Profits et Pertes se dit aussi Pertes et Profits, comme régularité dans les écritures passées au Grand-Livre

Pertes, s'écrivant **au Doit** (côté gauche)
Profits — **à l'Avoir** (côté droit).

Nous écrivons Profits et Pertes parce que nous considérons qu'une maison fait plus de Profits qu'elle ne subit de Pertes.

LEÇON IVe

EFFETS DE COMMERCE

Les effets de commerce sont des valeurs transmissibles servant au règlement des opérations à terme.

Il y a trois sortes d'effets de commerce :

1. Le billet à ordre ;
2. La lettre de change, — mandat ou traite ;
3. Le chèque.

BILLET A ORDRE

Le billet à ordre est un effet transmissible par lequel un débiteur s'engage à payer à son créancier, ou à son ordre, une somme déterminée à une époque fixée.

MODÈLE DU BILLET A ORDRE

Paris, le 22 février 1913.

B. P. F. 2.500.

Au quinze mai prochain, je payerai à l'ordre de M. Charles Matet, négociant à Coueilles, Haute-Garonne, la somme de **deux mille cinq cents francs.**

Valeur reçue en marchandises.

Marcel Sommerhalter.

46, rue de Provence, Paris, neuvième.

LETTRE DE CHANGE

La lettre de change est un effet transmissible par lequel un créancier invite son débiteur à payer à un tiers, ou à son ordre, une somme déterminée à une époque indiquée.

Protêt. — Le protêt est l'acte par lequel on fait constater le refus d'acceptation ou de payement d'une lettre de change ou d'un billet à ordre. Il est fait par un notaire ou un huissier au domicile de la personne qui devait payer la valeur.

Le Protêt coûte 5 fr. + 1,88 pour l'enregistrement de l'effet.

MODÈLE D'UNE LETTRE DE CHANGE

Neuilly-sur-Seine, le 22 février 1913.

B. P. F. 4.000.

Au quinze avril prochain, veuillez payer, par cette présente de change, à l'ordre de M. Alfred Génot, la somme de **quatre mille francs**, valeur reçue en espèces que passerez sans autre avis.

FLEURY ANDRÉ

A Monsieur Matet Elie
rue Jacob
à Livry
(Seine-et-Oise).

OBSERVATIONS

Fleury André est le tireur, qui reçoit la valeur. Alfred Génot est le bénéficiaire, preneur de la lettre, ou propriétaire. Matet Elie est le tiré; il prend le nom d'accepteur, quand il a pris, par signature, l'engagement de payer l'effet.

Autre modèle :

Paris, le 10 janvier 1913.

B. P. F. 40.

Au cinq mars prochain, veuillez payer contre ce mandat à mon ordre la somme de **quarante francs**. Valeur reçue en espèces.

PAUL COUTURIER.

A Monsieur Blanchon,
négociant en vins
69, rue Saint-Jacques, Paris (5e).

LE CHÈQUE

Le chèque est un mandat de payement qui sert au tireur à effectuer à son profit, ou au profit d'un tiers, le retrait de tout ou partie des fonds portés au crédit de son compte chez le tiré et disponibles. — (Art. 1er.)

MODÈLE DU CARNET DES CHÈQUES

TALON Compte du dépôt N° 605 — 20 janvier 1910 Ordre Ch. MATTET Frs **200** — N° 1.737	André Fleury. — D. 605	**CHÈQUE** COMPTE DE DÉPOT N° 605. Paris, le 20 janvier 1910. Frs **200** **CRÉDIT LYONNAIS** **PARIS** — Payez au porteur ou à l'ordre de M. Charles MATET la somme de **deux cents francs.** N° 1.737 ANDRÉ FLEURY.

Observations. — Les effets de commerce doivent toujours énoncer la manière dont la valeur a été fournie : en marchandises ou en espèces (argent reçu) ou en compte (quand il y a compte ouvert).

Les effets de commerce sont soumis aux droits de timbre.

0 fr. 05	pour les effets	de 100 fr.	et au-dessous.
0 fr. 10	—	de 100 fr.	à 200 fr.
0 fr. 15	—	de 200 fr.	à 300 fr.
0 fr. 20	—	de 300 fr.	à 400 fr.
0 fr. 25	—	de 400 fr.	à 500 fr.
0 fr. 50	—	de 900 fr	à 1.000 fr.
0 fr. 55	—	de 1.000 fr.	à 1.100 fr., etc., etc

ENDOSSEMENT

L'endossement est l'acte par lequel le propriétaire d'un effet à ordre en transfère la propriété à une autre personne.

L'endossement, comme son nom l'indique, se place au verso de l'effet; il doit contenir :

1° à l'ordre de qui il est fait ;
2° la nature de la valeur reçue ;
3° la date du jour où il est fait ;
4° la signature du cédant.

MODÈLE D'ENDOSSEMENT

Payez à l'ordre de
Monsieur Marcel Fleury.
Valeur en espèces.
20 janvier 1910.

Maurice Jumeau.

ou :

Passez à l'ordre de
Monsieur Marcel Fleury.
Valeur en espèce.
Paris, 20 janvier 1910.

Maurice Jumeau.

ou :

Ordre de M. Marcel Fleury.
Valeur en espèces.
Paris, 20 janvier 1910.

Maurice Jumeau.

LEÇON V[e]

APPLICATION. — MANIÈRE DE PASSER LES ÉCRITURES DU BROUILLARD SUR TOUS LES AUTRES LIVRES. — DIVERS ARTICLES RAISONNÉS.

BROUILLARD

1er janvier 1910

F° 1. Art. 1. Reçu de mon père pour commencer mon commerce . . . . 60.000 »

Je verse en caisse 60.000 fr.
Qui est-ce qui reçoit? — La Caisse.
Qui est-ce qui donne? Moi, le négociant personnifié par le compte *Capital*.
Or en vertu du principe : tout compte qui reçoit doit à celui qui donne.

Je débite la *Caisse* qui reçoit et je crédite *Capital*, qui donne.

J'écris au Journal : *Caisse à Capital.*

J'inscris ensuite cette somme au livre de Caisse dans la colonne du *doit.*

J'ouvre au Grand-Livre un compte à *Caisse* et à *Capital.*

Je dis : *Caisse* doit à *Capital*, ou, comme le mot *Caisse* est écrit en tête de ce compte pour tout le Folio, je me contente simplement d'écrire à *Capital* du côté *Doit*, puis je porte 60.000 fr., la somme, dans sa colonne des monnaies. Le compte *Caisse* est ainsi débité de cette somme.

J'en fait autant au compte de *Capital*, ce compte donnant à la Caisse doit être crédité. J'écris donc *par Caisse* du côté *Avoir*, puis je porte 60,000 fr., la somme dans sa colonne des monnaies.

Afin de faciliter les recherches du Journal au Grand-Livre et du Grand-Livre au Journal, on place en marge du Journal les folios du Grand-Livre; et au Grand-Livre, dans la colonne à gauche du *Doit* et dans la colonne à gauche de l'*Avoir* le folio du Journal où se trouve le compte que l'on mentionne.

Nous faisons ces remarques une fois pour toutes.

F° 2. Acheté au comptant 25 m. toile à 1 fr., soit
Art. 2. 25 fr.

Qui est-ce qui reçoit ? — *Marchandises générales.* (Entrée des marchandises, v. le livre.)

Qui est-ce qui donne ? *Caisse.*

Je débite *Marchandises générales* et je crédite *Caisse.*

J'écris au Journal : *Marchandises générales à Caisse.*

CHAPITRE II

LEÇON 1re

BROUILLARD

1er Janvier 1910

Fo 1. Art. 1.	Reçu de mon père pour commencer le commerce	60.000 »

Ces 60.000 fr. constitueront mon capital pour mon commerce dont j'ouvre les livres.
Comme c'est la *Caisse* qui reçoit, mon compte doit être débité et le compte de *Capital* crédité; parce que mon père qui fournit les 60.000 fr. en a fait l'entier abandon au compte de *Capital* de son fils.

3 do

Fo 1. Art. 2.	Acheté divers objets nécessaires aux magasins et aux bureaux, suivant le détail porté au livre de frais généraux . . .	1.150 75

Ici c'est la *Caisse* qui fournit, puisqu'il en sort de l'argent, et le compte de *Frais généraux* qui reçoit, vu que j'achète des objets tels que bureaux, comptoirs, caisse, balance, registres, etc., nécessaires à l'exploitation commerciale.

3 do

Fo 1. Art. 3.	J'ai payé, ce jour, six mois d'avance de loyer pour les magasins et appartements que j'ai loués, à partir du 1er janvier de cette année, savoir :	
	A Reporter.	61.150 75

Report. 61.450 75

Pour les bureaux et magasins, ou loyer industriel, ci . . . . 1.000 fr. »
Pour l'appartement ou loyer personnel . . . . 400 fr. »

1.400 fr. » 1.400 »

D'abord *Caisse* a fourni 1.400 fr. dont elle doit être créditée.
1° Le local industriel au compte de *Frais généraux*.
2° L'appartement ou loyer personnel au compte des *Dépenses de maison*. Les deux comptes doivent donc être débités.

5 d°

F° 1. Art. 4. J'ai acheté comptant à Lambert (aîné), de Paris, les marchandises restant dans ses magasins, après cessation de commerce, savoir :

12 Balles de café Martinique pesant net ensemble, 660 k. à 2 fr. 60. .	1.716 »	
5 Barriques café Bourbon, pesant net, ensemble, 450 k. à fr. 2.50.	1.125 »	
320 Pains de sucre raffiné, pesant net, ensemble, 1.930 k. à fr. 1.60.	3.088 »	
20 Tonnes huile de colza épurée pesant net 2.015 k. à fr. 110 les 0/0 kilogs.	2.216 50	
4 Caisses indigo Bengale, pesant net, ensemble, 419 k. à fr. 7.82.	3.276 58	
10 Tierçons riz caroline, pesant net, ensemble, 2.100 k. à fr. 55 les 0/0 kilogs. . . .	1.155 »	
	12.577 08	12.577 08

A Reporter. 75.127 83

Report. 75.127 83

J'achète des marchandises, c'est donc le compte de *Marchandises générales* qui reçoit et qui doit être débité.

Je paie comptant, donc le compte de *Caisse* doit être crédité, puisqu'il fournit l'argent.

6 d°

F° 2. Art. 5. J'ai fait assurer par la Compagnie Nationale d'assurance contre l'incendie mes magasins, bureaux, marchandises et mobilier personnel, suivant police d'assurance, pour une somme totale de 300.000 fr. à raison de 0 fr. 1 0/0 et je lui ai souscrit une obligation payable le 30 juin prochain . . . . 300 »

Il est évident que les frais d'assurance pour les magasins et marchandises font partie des *Frais généraux*.

L'obligation de 300 fr. que j'ai signée est un billet que je dois et dont le compte d'*Effets à payer* doit être crédité.

6 d°

F° 2. Art. 6. J'ai acheté, pour compléter mon mobilier personnel, divers meubles et ustensiles de ménage payables comptant sur factures acquittées, ci 1.431 50

Le compte de *Dépenses de Maison* qui comprend les dépenses relatives au mobilier personnel, doit être débité ici, et *Caisse* créditée, puisqu'elle a fourni.

7 d°

F° 2. Art. 7. J'ai pris à l'escompte de Louis Allier, de cette ville, deux traites tirées par Pichon, de Bordeaux, de fr. 3.000, payables les 15 mars et 15 avril, chez Moreaux frères, et acceptées par eux.

A Reporter. 76.859 33

Report. 76.859 33

Je lui ai immédiatement compté en espèces. 5.917 00
Escompte à 6 0/0 . . . . . . 83 00

6.000 00 6.000 »

Dans l'article ci-dessus, je ne crédite pas Allier qui me remet deux effets à recevoir, parce que je lui en compte tout de suite la valeur. C'est donc la *Caisse* que je dois créditer, puisqu'elle fournit l'argent. Je crédite également le compte de *Profits et Pertes* pour le bénéfice que je fais par l'escompte. Enfin, je débite le compte *d'Effets à recevoir* parce qu'il entre deux effets de cette nature dans mon portefeuille.

3 d°

F° 3. Art. 8. J'ai acheté de Jacques Rousseau de cette ville 56 barriques vin Médoc de 1898, à fr. 100 la barrique, et que je lui ai payées comme suit :

Espèces 2.600 00
Une traite tirée sur Moreau frères et payable le 15 mars . . . 3.000 00
J'ai payé pour le transport des 56 barriques à l'entrepôt et pour leur emmagasinage 56 fr. 60 de frais. 56 60

5.656 60 5.656 60

Le Compte de *Marchandises générales* doit être débité des 5.600 fr., puis des 56 fr. 60 de frais qui viennent augmenter les prix des vins.

Par contre, je crédite le compte de *Caisse* qui a fourni les espèces, tant pour le vin que pour les frais, et celui *d'Effets à recevoir* pour l'un des billets escomptés la veille et qui sort de mon portefeuille.

On pourrait débiter le compte de *Profits et Pertes* des 56 fr. 60 qui, ne rapportant rien,

A Reporter. 88.515 93

Report. 88.515 93

peuvent être considérés comme une perte, en créditant *Caisse* qui les a fournis.

9 d°

F° 3. Art. 9.	Mon oncle Alexandre Jouvenet m'a prêté, contre mon obligation, 30.000 fr. pendant 5 ans, sans intérêts, pour accroître mon commerce	30.000 »

C'est ma caisse qui reçoit, donc *Caisse* doit être débitée pour ce prêt.
Je ne créditerai pas Alexandre Jouvenet, mais je créditerai le compte d'*Effets à payer* qui fournit l'obligation remise sur moi.

LEÇON II°

11 d°

F° 3. Art. 10.	Acheté à Henri Guilbert, du Havre, ce qui suit, payable à 1 mois de date :		
	40 caisses savon de Marseille, 1re qualité, pesant net 11.200 kilos, à fr. 99 les 0/0 kilos, ci	11.088 »	
	10 caisses de 2e qualité pesant ensemble net : 3.100 k., à fr. 97 les 100 kilos.	3.007 »	
	Frais de transport et d'emmagasinage	282 »	
		14.377 »	14.377 »

Je ne solde pas Guilbert tout de suite, donc je lui dois les 14.095 fr. que je porte à son crédit, et le compte de *Marchandises générales* doit être débité, ainsi que des 282 fr. de frais de transport du Havre à Paris, et frais d'emmagasinage.
D'un autre côté, la *Caisse* sera créditée des 282 fr. qu'elle a fournis.

A reporter. 132.892 93

Report. 132.892 93

12 d°

F° 11. Art. 11. J'ai vendu à Laroche de cette ville ce qui suit, qu'il m'a payé comptant :
34 barriques vin Médoc à fr. 110 l'une... 3.740 »

Je fais une vente au comptant dont je reçois de l'argent et *Caisse* doit être débitée.
Je fournis des marchandises dont le compte de *Marchandises générales* a été débité lorsqu'elles sont entrées; je le crédite aujourd'hui qu'elle sortent.

14 d°

F° 3. Art. 12. Vendu à Jean Lacroix, de cette ville, payables en son billet à 2 mois, qu'il m'a immédiatement remis :
8 balles café Martinique, pesant ensemble net : 445 kil. à fr. 2.80 le kil. . 1.246 »
200 kil. sucre raffiné, en pains, à fr. 1.70 le kilo . . . . . . 340 »
1.586 » 1.586 »

Jean Lacroix ne me doit rien, puisqu'il a tout de suite, en son billet, les marchandises achetées; mais je débite le compte *d'Effets à recevoir*, puisque ce compte a reçu un effet, et je crédite *Marchandises générales* pour celles que ce compte a fournies.

15 d°

F° 4. Art. 13. Vendu à Simon Langlois, de Lille, payables à 3 mois :
20 barriques vin Médoc à fr. 111. . . . 2.220 »

Simon Langlois ne me payant pas tout de suite doit être débité, et le compte de *Marchandises générales* crédité.

16 d°

F° 4. Art. 14. J'ai fait une traite à 3 mois sur Simon Langlois, de Lille, de fr. 2.220, pour

A Reporter. 140.438 93

Report. 140.438 93

solde des 20 pièces de vin Médoc que je lui ai vendues, et je l'ai envoyée à l'acceptation . . . . 2.220 »

Dans cet article, Simon Langlois doit être crédité, et, par contre, on débitera le compte *d'Effets à recevoir* pour la traite.

22 do

Fo 4. Art. 15. Je garde, pour mon usage personnel, les 2 barriques vin de Médoc qui me restent en magasin sur l'acquisition des 56 barriques, faite le 8 janvier à J. Rousseau, à raison de 100 fr. la barrique. . . . 200 »

Le compte de *Dépenses de Maison* doit être naturellement débité de ces deux barriques de vin, et le compte de *Marchandises générales* crédité.

Je les compte au prix coutant, ne devant pas gagner sur moi-même.

26 do

Fo 5. Art. 16. La nuit dernière, il a été enlevé avec effraction, de mon bureau, une somme de 2.000 fr. en billets de banque, qui s'y trouvaient déposés . . . . 2.000 »

Le vol qui a été fait constitue une perte dont je dois débiter le compte de *Profits et Pertes*.

Ces 2.000 fr. faisant partie de ma *Caisse*, je crédite ce compte.

28 do

Fo 5. Art. 17. Vendu à Philippe Rougier, de cette ville, 40 caisses savon Marseille, 1re qualité, pesant net 11.200 k., à fr. 102 les 0/0 k., faisant 11.424 fr. qu'il m'a payés comme suit :

A Reporter. 144.858 93

Report. 144.858 93

146 hectolitres esprit 316 à 56 fr. 36 l'hl. pris à l'entrepôt . . . . 8.549 fr. 76

Son billet à 90 jours à mon ordre. . . . . 2.500 fr. »

Espèces pour appoint. . . 374 fr. 24

11.424 fr. » 11 424 »

Le compte de *Marchandises générales* ayant fourni des savons, doit être crédité. Je reçois en échange trois sortes de valeurs, savoir : des marchandises, un billet et de l'argent. Les comptes de *Marchandises générales*, d'*Effets à recevoir* et de *Caisse* doivent donc être débités pour ce qu'ils reçoivent.

30 d°

F° 6. Art. 18. J'ai pris à la négociation de Jean Lemoine, de cette ville, les Effets suivants qu'il a passés à mon ordre :

Guéret, à vue.	65 »	
Nantes, d°	80 40	
Lyon, 15 février, acceptation .	3.420 »	
Lyon, 15 mars, d° .	2.210 »	
Grenoble, 20 mars.	110 »	
Bordeaux, 20 avril, acceptation.	3.000 »	
Limoges, 20 avril	400 »	
	9.285 40	
Caisse	9.131 71	
Change de place à 1 0/0 (les Effets au-dessous de 100 fr. comptés comme 100 fr.; et les effets à vue, l'escompte perçu p[r] 10 j.) 93 40		
Intérêts du retard à raison de 6 0/0 l'an. . . 60 29		
153 69	153 69	
Net. . .	9.285 40	9.285 40

que je lui ai remis ce jour en espèces.

A Reporter. 165.568 33

Report. 165.568 33

La Caisse a donné 9.131 71

Le compte d'*Effets à Recevoir* reçoit des valeurs dont il doit être débité.

Je crédite d'abord la *Caisse* pour l'argent qu'elle a versé, puis pour le change et les intérêts.

TOTAL. — JANVIER. **165.568 33**

LEÇON IIIe

1er Février

Fo 6. Art. 19. J'ai dépensé pendant le mois de janvier pour nourriture entretien et gages de domestique 309 50

Le compte de *Dépenses de Maison* doit être débité et celui de *Caisse* crédité des 309 fr. 50 de dépenses.

Cette manière de passer les écritures de dépenses de maison suppose que le négociant avait vers lui une réserve pour faire face aux dépenses du premier mois; dépenses que la caisse lui rembourse aujourd'hui.

1er Février

Fo 6. Art. 19. Payé à Florent, mon commis, un mois d'appointements . . . . . 100 »

Payé à Joseph, garçon de magasin, son mois. . . . . 50 »

Menus frais et ports de lettres. . 49 »

199 » 199 »

Ces dépenses concernent le compte de *Frais généraux*, que je débite en créditant *Caisse*.

A Reporter. 166.076 83

Report. 166.076 83

——— **4 d°** ———

F° 7. Art. 21. J'ai acheté à Duperron, de Bordeaux, 16 pipes eau-de-vie d'Armagnac, contenant ensemble 79 hectolitres à fr. 61 l'hectolitre, payables, après réception, en valeurs, à courte échéance. . . . . 4.819 »

Duperron n'ayant encore rien reçu en paiement, doit être crédité, et le compte de *Marchandises générales* débité ; car il est censé avoir reçu, du moment où la marchandise a été expédiée conformément à mes ordres.

——— **6 d°** ———

F° 7. Art. 22. Acheté pour la somme de 4.840 fr. deux actions libérées de la Banque de France, que j'ai payées comptant . . . . . 4.840 »

Les actions de la Banque de France, de même que les rentes sur l'État, les chemins de fer, les actions industrielles et toute espèce de contrats qui donnent droit à un revenu, à des primes, appartiennent au compte de *Billets à recevoir*.

Nous le débitons pour les deux actions, en même temps nous créditons la *Caisse*.

——— **7 d°** ———

F° 7. Art. 23. J'ai négocié au sieur Lecointre, de cette ville, une traite sur Lyon au 15 courant de fr. 3.420 dont il avait besoin pour faire un paiement.

Et dont il m'a escompté espèces. 3.420 »
De plus, une commission de 1/4 p. 0/0. . . . . 8 55
3.428 55 3.428 55

A Reporter. 179.134 38

Report. 179.134 38

Le compte d'*Effets à recevoir* fournit un effet et doit être crédité de son montant, par *Caisse*. Celle-ci doit, en outre, être débitée en sus de 8 fr. 55 envers le compte de *Profits et Pertes*, pour la commission, dont je profite.

11 d°

F° 7. Art. 24. J'ai pris à Thomas Laurent et Cie une traite acceptée sur Rouen, payable au 15 mars, de fr. 9.500.

Je lui ai remis espèces. . . .		9.425 58	
Change de place à 1/4 pour 0/0. . .	23 fr. 75	74 42	
Intérêts de retard à raison de 6. p. 0/0.	50 67		
		9.500 »	9.500 »

Nous débiterons ici *Effets à recevoir*, nous créditerons *Caisse* pour le versement en espèces, ainsi que *Profits et Pertes* pour les 74 fr. 42 c. de change et d'intérêts.

14 d°

F° 8. Art. 25. J'ai négocié au pair, à Isaac Meyer et Cie, de cette ville, les 2 traites suivantes, dont ils m'ont remis la valeur comptant.

Lyon, 15 mars	2.210 »	
Rouen, 15 mars.	9.500 »	
	11.710 »	11.710 »

Je débite *Caisse* pour l'argent que je reçois, et crédite *Effets à recevoir*.

15 d°

F° 8. Art. 26. J'ai reçu ce jour 16 pipes eau-de-vie de Duperron, de Bordeaux, montant à 4.819 fr.

A Reporter. . 200.344 38

		Report.	200.344 38
	Payé le port de Bordeaux à Paris, à raison de 10 fr. les 100 kilos. . . .	830 »	
	Pour le transport à l'entrepôt et l'employé de l'octroi. . . .	13 »	
		843 »	843 »
	J'envoie par le courrier de ce jour, à Duperron, les valeurs suivantes :		
	Billet de Jules Lacroix au 15 mars.	1.586 »	
	La traite de Pichon, de Bordeaux, sur Moreau frères, de Paris, 15 avril.	3.000 »	
		4.586 »	4.586 »
	Je serai redevable de fr. 233 à Duperron, et je lui annonce que je l'en couvrirai plus tard.		

Duperron a été crédité de 4.819 fr. lors des achats des eaux-de-vie, je le débite aujourd'hui de fr. 4 586. Je débite également *Marchandises générales*, fr. 843 pour les frais occasionnés par les 16 pipes d'eau-de-vie.

Je crédite le compte *Effets à recevoir* qui a fourni les deux valeurs que j'envoie, ainsi que *Caisse* qui a compté 843 fr. Il y a donc deux débiteurs et deux créanciers, ce qui nécessite un *Divers à Divers*.

15 do

Fo 9. Art. 27.	J'ai payé une traite de 14.095 fr. tirée par H. Guilbert, du Havre, pour solde des savons qu'il m'a vendus le 11 janvier dernier	14.095 »

H. Guilbert n'ayant pas été soldé tout de suite, a été crédité. Aujourd'hui que je le paie en acquittant sa traite, je le débite, et crédite *Caisse* qui a fourni les fonds.

A Reporter. 219.868 38

Report. 219.868 38

18 d°

F° 9. Art 28.	J'ai acheté à Thomas Moulineaux, de cette ville, 6 barriques gomme du Sénégal, pesant ensemble net : 1.215 kil. à fr. 3.50. Total.	4.252 »	
	Je lui ai remis en paiement ce qui suit : Ma traite acceptée par Langlois, de Lille, payable le 15 avril.	2.220 »	
	Billet de Ph. Rougier, au 27 avril.	2.500 »	
		4.720 »	4.720 »

Thomas Moulineaux m'a remis en espèces 467 fr. 50 pour différence entre mes valeurs et le prix d'achat, en retenant 20 fr. 50 pour escompte.

J'achète des marchandises, dont le compte de *Marchandises générales* doit être débité, je paie en traite, et par conséquent je crédite le compte d'*Effets à recevoir;* mais ces billets présentent un excédent de fr. 467.50, que Moulineaux me paie en argent, en retenant l'escompte de 20 fr. 50. Je débite *Caisse*, qui reçoit net 447 fr., et débite *Profits et Pertes* de 20 fr. 50 qui représentent un déficit.

LEÇON IVe

20 d°

F° 10. Art. 29.	J'ai vendu à T. Langevin, de cette ville, 150 hectolitres 316 à fr. 64. .	9.600 »	
	16 pipes eau-de-vie d'Armagnac, jaugeant 79 hectol. à fr. 63. .	4.977 »	
		14.577 »	

A Reporter. 224.588 38

Report. 224.588 38

Qu'il m'a payés comme suit :
25 actions libérées du chemin de fer de Paris à Rouen..... 13.300 »
Espèce pour solde. . . . . 1.277 »
14.577 » 14 577 »

J'ai livré des Marchandises, donc le compte de *Marchandises générales* doit être crédité.
Je reçois des actions industrielles et de l'argent, je débite, en conséquence, le compte d'*Actions* pour 13.300 fr. et celui de *Caisse* pour l'appoint reçu.

25 do

Art. 40. Mellier, Berthoud et Cie, de la Marti-
Art. 30. nique, m'ont expédié sur le navire la *Belle-Arsène* 60 balles café Martinique, pesant ensemble net 7.200 kilogrammes à 2 fr. 40. . . . . 17.280 »
J'ai payé pour faire assurer ces marchandises 1.036 80
18.316 80 18.316 80

Ils m'annoncent avoir tiré sur moi 3 traites qui me seront présentées à l'acceptation.

31 Mai.	6.000	»
15 Juin	6.000	»
30 Juin	5.280	»
	17.280	»

Je crédite Mellier et Berthoud pour le montant des cafés. Je crédite également *Caisse* pour la prime d'assurance que j'ai payée, et je débite *Marchandises générales* pour les cafés et pour les frais d'assurance qui en augmentent le prix.
Lorsque les traites me seront présentées, et que je les aurai acceptées, je débiterai Mellier et Berthoud et créditerai *Effets à payer*.

A Reporter. 257.482 18

Report. 257.482 18

28 d°

Fo 11. Art. 31. J'ai vendu à F. Lasserre et Cie de cette ville 10 tonnes huile de colza épurée, pesant net 901 kil. à fr. 1.80, montant à fr. 1.729 80.

Il m'a payé cette somme en 3 barriques de vin de Sauterne à fr. 500 l'une. 1.500 »

Espèces 229 80

1.729 80 1.729 80

Je livre des marchandises et j'en reçois d'un autre en payement, de plus je reçois de l'argent.

Le compte de *Marchandises générales* doit donc être débité pour celles qu'il reçoit, et crédité pour celles qu'il fournit.

Le compte de *Caisse* doit être également débité envers *Marchandises générales* pour l'argent qu'il reçoit.

TOTAL : JANVIER ET FÉVRIER. **259.211 98**

LEÇON Ve

1er Mars

Fo 11. Art. 32. J'ai dépensé pendant le mois de Février pour les frais de la maison, d'entretien et gages de domestiques. 411 50

Quelques praticiens ouvrent un compte de *Dépenses personnelles* distinct de celui de *Dépenses de Maison*.

J'en débite ce compte, et j'en crédite la *Caisse*.

A Reporter. 259.623 48

Report. 259.623 48

1er d°

F° 11. Art. 33. J'ai payé pour les appointements de mes employés et pour menus frais, ports de lettres, etc. . . . . 210 »

Même opération que ci-dessus.

2 d°

F° 12. Art. 34. J'ai accepté les 3 traites tirées sur moi par Mellier, Berthoud et Cie, de la Martinique, à l'ordre de Nicolas Strauss, savoir :

31 Mai.	6.000 »	
15 Juin	6.000 »	
30 Juin	5.280 »	
	17.280 »	17.280 »

Mellier, Bertrand et Cie ayant été crédités pour l'expédition de mes cafés, dont j'ai été avisé le 25 expiré, je les débite aujourd'hui et crédite le compte *d'Effets à payer*, ayant revêtu leurs traites de mon acceptation.

4 d°

F° 12. Art. 35. Acheté pour ma maison 25 mètres de toile de Hollande, à fr. 8 . . . . 200 »

Une pièce de toile cretonne de 60 mètres, à fr. 3.50	240 »	
Une pendule	400 »	
	810 »	
que j'ai payés comme suit :		
Traite sur Guéret à vue. . . .	65 »	
D° s/ Nantes d°.	80 40	
D° s/ Grenoble, 20 Mars. .	110 »	
D° s/ Limoges, 20 Avril. .	400 »	
Espèces pour solde.	154 60	
	810 »	810 »

A Reporter. 277.923 48

Report. 277.923 48

Les toiles et la pendule que j'achète ne doivent plus être considérées comme marchandises, puisque ces objets sont destinés à l'usage de ma maison.

Je débite donc le compte de *Dépenses de Maison*, et je crédite ceux d'*Effets à recevoir* et de *Caisse*, pour les traites et l'argent que je remets.

6 d°

F° 13. Art. 36.	J'ai expédié à L. Marais, de Tours, 10 tonnes huile colza net, 1.054 kil., à fr. 116	1.221 64	
	5 Balles café Bourbon, net 450 kil., à fr. 2.80	1.260 »	
	4 balles café Martinique, net 215 kil., à fr. 2.80.	602 »	
		3.084 64	
	Caisse.	3.069 23	
	J'ai fait sur lui une traite au 20 et que j'ai négociée à Thoré et Cie, lesquels m'en ont remis les fonds sous escompte de 1/2 0/0	15 41	
		3.084 64	3.084 64

Louis Marais ne me devant plus, puisque j'ai fait traite sur lui, je ne le débite pas, je ne crédite point le compte d'*Effets à recevoir* puisque cette traite, immédiatement escomptée, n'entre pas dans mon portefeuille; mais je crédite le compte de *Marchandises générales* pour celles que j'ai expédiées, je débite *Caisse* pour l'argent que je reçois, et *Profits et Pertes* pour l'escompte que j'ai payé.

11 d°

F° 13. Art. 37. J'ai acheté à Berthier et Cie de cette ville 5 surons cochenille mestèque, pesant

A Reporter. 281.008 12

Report. 281.008 12

ensemble net 402 kg. à fr. 31, payables en mon billet au 15 juin, que je lui ai immédiatement remis. . . . . 12.462 »

Je reçois des Marchandises, donc le compte de *Marchandises générales* doit être débité ; je crédite celui d'*Effets à payer* pour le billet que je remets.

14 d°

F° 14. Vendu à L. Louvière, de cette ville au comptant, à raison de 32 fr. 50 le kilog., les 5 surons cochenille achetés le 11 mars à Berthier et Cie . . . . 13.065 »

Cet article, très simple, a le compte de *Caisse* pour débiteur, et celui de *Marchandises générales* pour créancier, puisqu'il sort des marchandises et qu'il entre de l'argent.

16 d°

F° 14. Art. 39. J'ai escompté à Berthier et Cie mon effet de 12.462.

Je leur ai compté espèces . .	12.304 50	
Escompte à 5 0/0	157 50	
	12.462 »	12.462 »

Il rentre un effet à payer, je débite le compte d'*Effets à payer* ; je donne de l'argent et bénéficie de l'escompte, je crédite donc *Caisse* et *Profits et Pertes*.

18 d°

F° 14. Art. 40. J'ai remboursé le billet de Jean Lacroix, mort insolvable.

Capital	1.586 »	
Protet	12 80	
	1.598 80	1.595 80

A Reporter. 320.595 92

Report. 320.595 92

Le capital et les frais étant perdus pour moi, je débite *Profits et Pertes* pour le tout et crédite *Caisse.*

18 d°

F° 14. Art. 41. J'ai vendu à Duperron, de Bordeaux, les 25 actions du chemin de fer de Rouen, pour la somme de 14,000 fr. qu'il tient à ma disposition. . . . . 14.000 »

Je débite Duperron, de Bordeaux, vu qu'il ne me paie pas tout de suite, et crédite le compte d'*Actions.*

LEÇON VIe

19 d°

F° 15. Acheté à J. Rousseau, de cette ville, 12 Barriques de vin de Barsac à fr. 250 l'une. . . . . 3.000 »
10 Barriques St-Emilion à fr. 180 l'une. . . . . 1.800 »

4.800 » 4.800 »

Je lui ai donné l'ordre de faire traite à vue de fr. 4,800 pour mon compte sur Duperron, de Bordeaux.

J'achète des marchandises et en débite par conséquent le compte de *Marchandises générales*; je ne crédite point Rousseau, parce que je suis censé le solder immédiatement en l'autorisant à disposer sur Duperron; c'est donc celui-ci que je dois créditer.

26 d°

F° 15. Vendu à E. Lefranc, de cette ville : 10 caisses savon de Marseille 2e qualité, net 3,110 k. à fr. 99 . . . . 3.078 90

A Reporter. 339.395 92

Report. 339.395 92

6 barriques gomme Sénégal, net 1.215 kil., à fr. 3.85. . . 4.677 75

7.756 65 7.756 65

Qu'il m'a soldés en une traite sur Londres de 309 liv. st. 7 d. sur Johnson, Palmer et Cie, au change de 25 fr. 10 et payable à 10 jours de vue.

Je crédite ***Marchandises générales*** **et débite** ***Effets à recevoir.***

26 do

Fo 16. Art. 44. Vendu à T. Reiffenberg, de Strasbourg, ce qui suit :

60 balles café Martinique, net 7.200 kil. à fr. 2.80. 20.160 »

Il m'a payé en m'ouvrant un crédit de pareille somme sur Backuisen et Cie, banquiers à Bruxelles.

Le compte de ***Marchandises générales*** **fournit, donc il doit être crédité. Reiffenberg n'est plus mon débiteur, puisqu'il a substitué à sa place Backuisen, sur lequel il m'a ouvert un crédit, C'est donc Backuisen que je dois débiter.**

31 do

Fo 16. Art. 45. J'ai négocié à Thompson ma traite de 309 liv. st. (1) 7 d. au change de 25 fr. 75, ce qui m'a produit. 7.957 60

Cette traite étant entrée pour 7.756 fr. 65. ce qui me donne un bénéfice de 200 fr. 95 dont je crédite ***Profits et Pertes,*** **je crédite également le compte d'*****Effets à recevoir*****, en débitant la** ***Caisse.***

A reporter. 375.270 17

(1) NOTA. — Liv. st. 309 — 0 — 7 — au change de 25 fr. 75 = 7.957 fr. 60. Le change de la livre anglaise varie entre 25 fr. 05 et 25 fr. 75 — cours rarement atteints.

A Reporter. 375.270 17

On peut se dispenser de créditer le compte de *Profits et Pertes* pour les 200 fr. 95 si on suit le système déjà adopté, lequel consiste à solder par profits et pertes les Effets à recevoir lorsqu'on fait la balance de ce compte. Le résultat indique en bloc la perte ou le bénéfice que l'on a fait sur ses négociations.

TOTAL DES 3 MOIS. **375.270 17**

Note. — Lorsqu'il n'y a pas concordance dans les comptes, il faut, bien entendu, chercher l'erreur jusqu'à ce qu'on la trouve.

Pour découvrir l'erreur, il faut :

1° Se rendre compte de l'écart qui existe entre le total de la Balance et celui du Journal ;

2° Se livrer à une vérification sommaire des sommes du Journal et du Grand-Livre ;

3° Pointer le Journal et le Grand-Livre.

Pointer, c'est placer un point à côté de chaque somme du Journal et du Grand-Livre pour s'assurer que les reports ont été bien faits.

CHAPITRE III

LEÇON 1re

JOURNAL

Les articles passés au Journal commencent toujours par le compte Débiteur (**Doit**), qui est joint au compte Créditeur (**Avoir**) par la proposition à.

Nota. — **Les six leçons du Journal coïncident avec les six leçons du Brouillard.**

1er Janvier 1910

Art. 1. CAISSE A CAPITAL (Fr. 60.000).
Reçu de mon père pour commencer le commerce . . . . 60.000 »

3 do

Art 2. FRAIS GÉNÉRAUX A CAISSE (Fr. 1.150 75).
Achats de divers objets nécessaires au magasin et aux bureaux, suivant détail porté au GRAND LIVRE, article FRAIS GÉNÉRAUX 1.150 75

3 do

Art. 3. LES SUIVANTS A CAISSE (Fr. 1.400).

A Reporter. 61.150 75

Report. 61.150 75

FRAIS GÉNÉRAUX pour six mois de loyer industriel payés d'avance. . 1.000 »

DÉPENSES DE MAISON pour six mois de loyer personnel payés d'avance . . . . . . 400 »

1.400 » 1.400 »

5 d°

Art. 4. MARCHANDISES GÉN. A CAISSE (Fr. 12.577 08).

Achat au comptant des marchandises suivantes, à Lambert (aîné), de Paris,

12 Balles café Martinique, net : ensemble 600 kil. à 2.60. . . . . . . 1.716 »

5 Barriques café Bourbon, net : ensemble 450 kil. à fr. 2 50. 1.125 »

320 Pains de sucre raffiné, net : ensemble 1.930 kil. à 1.60. . 3.088 »

20 Tonnes huile colza net : ensemble 2.015 kil. à fr. 1.10. 2.216 40

4 Caisses indigo Bengale, net : ensemble 419 kil. à fr. 7.82. 3.276 58

10 Tierçons riz Caroline, net : ensemble 2.100 kil. à fr. 55. 1.155 »

12.577 08 12.577 08

6 d°

Art. 5. FRAIS GÉNÉR. A EFFETS A PAYER (F. 300).

Prime d'assurance payable au 30 juin à raison de 1 0/0 sur 300.000. . . . . 300 »

6 d°

Art. 6. DÉPENSES DE MAISON A CAISSE (Fr. 1.431 50).

Achat de mobilier. 1.431 50

7 d°

Art. 7. EFFETS A RECEVOIR AUX SUIVANTS (Fr. 6.000).

A Reporter. 76.859 33

Report. 76.859 33

Escompté à Allier, deux traites de fr. 3,000 aux 15 Mars et 15 Avril, tirées par Pichon, de Bordeaux, sur Moreau frères de Paris. A Caisse Fr. 5.917 pour autant remis à Allier. . . . . . . 5.917 »

A Profits et Pertes. Fr. 83 pour escompte . . . . 83 »

6.000 » 6.000 »

8 d°

Art. 8. Marchandises gén. aux suivants (Fr. 5.656 70).

Achat de 56 barriques vin Médoc, fait à J. Rousseau.

A Caisse. Fr. 2.656 60 pour Fr. 2.600 » payés à Rousseau en espèces, et. 56 60

de transport et emmagasinage 2.655 60

A Effets à Recevoir. . . Fr. 3.000 pour une traite sur Moreau frères, au 15 mars. . . 3.000 »

5.656 60 5.656 60

9 d°

Art. 9. Caisse a Effets a Payer (Fr. 30.000).

Pour prêt que mon oncle Jouvenet m'a fait sans intérêts pendant 5 ans, suivant mon obligation de ce jour. . . . . . 30.000 »

A Reporter. 118.545 93

A Reporter. 118.545 93

LEÇON IIe

— 11 do —

Art. 10. Marchandises gén. aux suivants (Fr. 14.377).

A H. Guilbert du Havre, pour achat de 40 caisses savon de Marseille première qualité, net : 11.200 k. à fr. 99 »; et 10 caisses do 2e qualité, net : 3.100 k. à fr. 97 . . . . 14.095 »

A caisse, Fr. 282, pour frais de transport et d'emmagasinage. . . . . 282 »

14.377 » 14.377 »

— 12 do —

Art. 11. Caisse a Marchandises gén. (Fr. 3.740).

Vente au comptant de 34 barriques vin de Médoc à Laroche, de cette ville, à fr. 110 . . . . 3.740 »

— 14 do —

Art. 12. Effets a Recevoir a Marchand. Gén. (Fr. 1.586).

Vendu 8 balles café Martinique, net 445 k. à fr. 2.80 et 200 k. sucre raffiné à fr. 1.70 à Jean Lacroix, qui m'a soldé en son billet au 15 mars . . . . 1.586 »

— 15 do —

Art. 13. Simon Langlois (de Lille) a March. gén. (Fr. 2.220).

Vendu 20 barriques vin Médoc à fr. 111. 2.220 »

A Reporter. 140.438 93

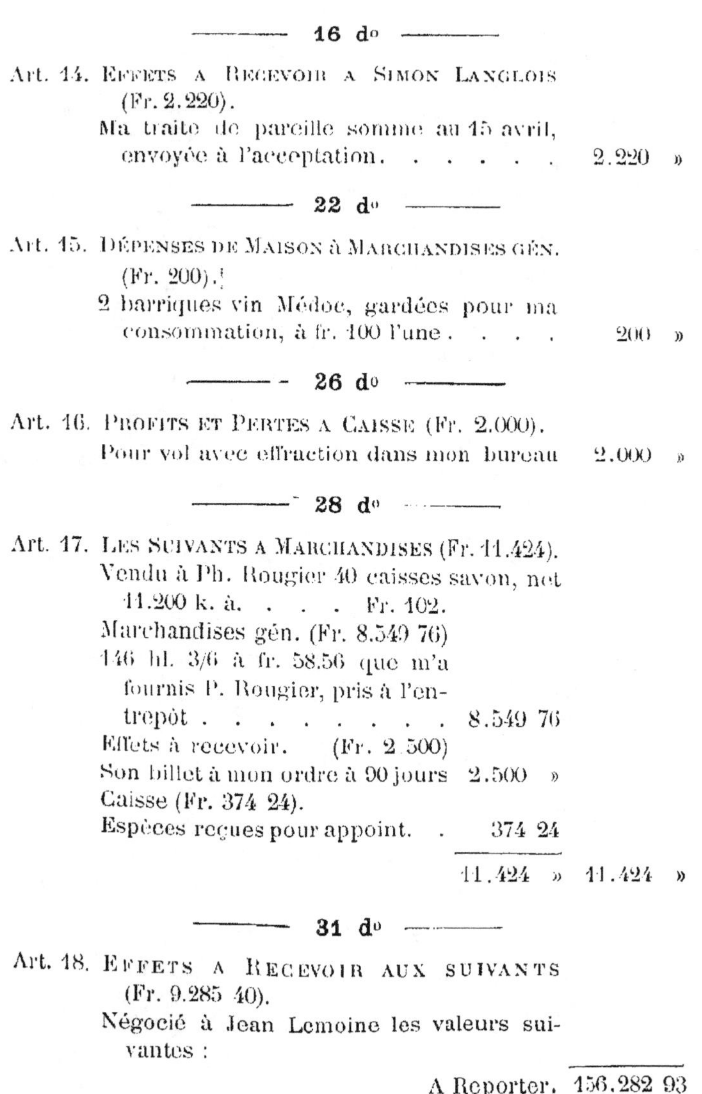

Report. 140.438 93

16 d°

Art. 14. Effets a Recevoir a Simon Langlois (Fr. 2.220).
Ma traite de pareille somme au 15 avril, envoyée à l'acceptation. . . . . . 2.220 »

22 d°

Art. 15. Dépenses de Maison à Marchandises gén. (Fr. 200).
2 barriques vin Médoc, gardées pour ma consommation, à fr. 100 l'une . . . . 200 »

26 d°

Art. 16. Profits et Pertes a Caisse (Fr. 2.000).
Pour vol avec effraction dans mon bureau 2.000 »

28 d°

Art. 17. Les Suivants a Marchandises (Fr. 11.424).
Vendu à Ph. Rougier 40 caisses savon, net 11.200 k. à. . . . Fr. 102.
Marchandises gén. (Fr. 8.549 76)
146 hl. 3/6 à fr. 58.56 que m'a fournis P. Rougier, pris à l'entrepôt 8.549 76
Effets à recevoir. (Fr. 2 500)
Son billet à mon ordre à 90 jours 2.500 »
Caisse (Fr. 374 24).
Espèces reçues pour appoint. . 374 24

11.424 » 11.424 »

31 d°

Art. 18. Effets a Recevoir aux suivants (Fr. 9.285 40).
Négocié à Jean Lemoine les valeurs suivantes :

A Reporter. 156.282 93

	Report.	156.282 93
Guéret à vue.	65 »	
Nantes d°	80 40	
Lyon, accept^on, 15 février . .	3.420 »	
Lyon d° 15 mars. . .	2.210 »	
Grenoble d° 20 d° . . .	110 »	
Bordeaux d° 20 avril . . .	3.000 »	
Limoges d° 20 d° . . .	400 »	
	9.285 40	
A Caisse (Fr. 9.431 71).		
Remis espèces	9.431 71	
A Profits et Pertes (Fr. 153 69)		
Change de place et intérêts du retard	153 69	
	9.285 40	9.285 40
	Total : Janvier	**165.568 33**

LEÇON IIIe

1er Février

Art. 19. Dépenses de Maison a Caisse (Fr. 309 50)
Frais de maison pendant le mois de janvier. 309 50

1 d°

Art. 20. Frais généraux a Caisse (Fr. 199)
Appointements des commis, garçons de magasin, menus frais et ports de lettres, pendant janvier. . . . . 199 »

4 d°

Art. 21. Marchandises gén. a Duperron (Fr. 4.819)
Achat de 16 pipes eau-de-vie Armagnac, jaugeant 79 hectolitres, à fr. 61, qu'il m'a expédiées . . . . 4.819 »

A Reporter. 170.895 83

Report. 170.895 83

6 d°

Art. 22. Actions de Rentes a Caisse (Fr. 4.810).
Achat de 2 actions de la Banque de France . . . . 4.810 »

7 d°

Art. 23. Caisse aux suivants (Fr. 3.428 55).
Négocié à Lecointre, de cette ville, une traite sur Lyon, au 15 courant, de fr. . . . . 3.420 »
A Effets à recevoir. . . . 3.420 »
A Profits et Pertes (Fr. 8 55).
Commission à 1/4 p. 100. . . 8 55
3.428 55 3.428 55

11 d°

Art. 24. Effets a Recevoir aux suivants (Fr. 9.500)
J'ai pris à T. Laurent et Cie une acceptation sur Rouen au 12 mars de Fr. 9.500.
A Caisse (Fr. 9.425 58).
Pour mon versement. . . . 9.425 58
A Profits et Pertes (Fr. 74 72).
Change et Retard 74 42
9.500 » 9.500 »

14 d°

Art. 25. Caisse a Effets a recevoir (Fr. 11.740).
Négociation au pair, à Isaac Mayer et Cie, de cette ville, des deux traites suivantes dont il m'a remis la valeur comptant et au pair.
Lyon, 15 mars . . . . 2.209 »
Rouen d° . . . . 9.500 »
11.709 » 11.709 »

A Reporter. 200.343 38

Report. 200.343 38

15 d°

Art. 26. Les Suivants aux Suivants (Fr. 5.429).

Duperron (Fr. 4.516) pour valeurs suivantes :

Billet de J. Lacroix, 15 mars.	1.586 »	
Traite de Pichon sur Moreau frères de cette ville, 15 avril.	3.000 »	
	4.586 »	
Marchandises gén. (Fr. 843). Transport à Paris et à l'Entrepôt de 16 pipes eau-de-vie.	843 »	
	5.429 »	
A Effets à Recevoir (Fr. 4.586) pour ceux remis à Duperron	4.586 »	
A Caisse (Fr. 843). Payé pour transport	843 »	
	5.429 »	5.429 »

15 d°

Art. 27. Guilbert (du Havre) a Caisse (Fr. 14.095).

Payé sa traite pour solde des savons qu'il m'a vendus. . . . . 14.095 »

18 d°

Art. 28. Les Suivants a Effets a Recevoir (Fr. 4.720).

Effets suivants remis à Th. Moulineaux, de cette ville, en paiement des marchandises qu'il m'a vendues.

Ma traite au 15 avril sur Langlois, de Lille.	2.220 »
Billet de Ph. Rougier au 27 avril.	2.500 »
	4.720 »

A Reporter. 219.867 38

	Report.	219.867	38
Marchandises générales (Fr. 4.252 50) pour 6 barriques gomme Sénégal, net : 1.215 kil. à fr. 3.50.	4.252 50		
Caisse (Fr. 447) pour autant reçu en espèces.	447 »		
Profits et Pertes (Fr. 20 50) pour escompte	20 50		
	4.720 »	4.720	»

LEÇON IVe

— 20 do —

Art. 29. Les Suivants a Marchandises générales (Fr. 14.577).

Vente à Langevin, de cette ville, ce qui suit :		
150 hectolitres 3/6 à fr. 64. . .	9.600 »	
16 pipes eau-de-vie Armagnac, jaugeant 79 hect. à fr. 63. .	4.977 »	
	14.577 »	
Actions (Fr. 13.300).		
Pour 25 actions libérées du chemin de fer de Rouen, qu'il m'a données en paiement . . .	13.300 »	
Caisse (Fr. 1.277).		
Espèces reçues pour solde. .	1.277 »	14.577 »

— 25 do —

Art. 30. Marchandises générales aux Suivants (Fr. 18.317 80).

Achat de 60 balles café Martinique à Mellier, Berthoud et Cie, pesant net 7.200 kilog., à fr. 2 40.

A Reporter. 239.164 38

	Report.	239.464 38
A Mellier et Cie.	17.280 »	
A Caisse ou payé pour assurance	1.037 80	
	18.317 80	18.317 80

28 do

Art. 31. Les Suivants a Marchandises générales (Fr. 1.729 80).

Vendu à Lasserre et Cie, de cette ville, 10 tonnes huile de colza épurée, pesant net 961 kil., à fr. 1.80. . . .	1.729 80	
Marchandises générales : Pour 3 barriques vin de Sauterne qu'il m'a données en paiement.	1.500 »	
Caisse : Reçu pour solde.	229 80	
	1.729 80	1.729 80

Total : Janvier et Février. **259.211 98**

LEÇON Ve

1er Mars

Art. 32. Dépenses de Maison a Caisse (Fr. 411 50).

Frais de maison, entretien et gages de domestiques, pendant le mois de février. 411 50

1er do

Art. 33. Frais généraux a Caisse (Fr. 210).

Appointements de mes employés, menus frais, ports de lettres pendant le mois de février . . . . 210 »

A Reporter. 259.833 48

Report. 259.833 48

2 do

Art. 34. MELLIER, BERTHOUD, A EFFETS A PAYER (Fr. 17.280).

Pour acceptation des traites suivantes :

au 31 mai prochain. . . .	6.000 »	
au 15 juin id. . . .	6.000 »	
au 30 juin id. pour solde	5.280 »	
	17.280 »	17.280 »

4 do

Art. 35. DÉPENSES DE MAISON AUX SUIVANTS (Fr. 810).

Achat de 20 m. toile Hollande à fr. 10 et 60 m. cretonne à fr. 3.50. .	410 »	
Une pendule pour mon usage. .	400 »	
	810 »	

A Effets à Recevoir (Fr. 655).

Pour les valeurs suivantes données en payement :

Traite sur Guéret à vue. . . .	65 »	
id. sur Nantes id. . . .	80 40	
Traite sur Grenoble, 20 mars. .	110 »	
id. sur Limoges, 20 avril. . .	400 »	
	655 40	

A Caisse (Fr. 154 60).

Espèces pour solde	154 60	
	810 »	810 »

6 do

Art. 36. LES SUIVANTS A MARCHANDISES GÉNÉRALES (Fr. 3.084 64).

Vendu à L. Marais, de Tours, les marchandises suivantes :

A Reporter. 277.923 48

Report. 277.923 48

10 tonnes huile colza, net :
1.054 kil. à fr. 1 16 . . . . 1.222 64
5 barriques café Bourbon, net :
450 kil. à fr. 2 80 . . . . . 1.260 »
4 balles café Martinique, net :
215 kil. à fr. 2 80. . . . . . 602 »

3.084 64

Caisse (Fr. 3.069 23).
Pour ma traite au 20 courant sur Marais, que j'ai négociée à Thoré et Cie. 3.069 23
Profits et Pertes (Fr. 15 41).
Perte à la négociation. . . . 15 41

3.084 64 3.084 64

11 d^o^

Art. 37. Marchandises gén. a Effets a Payer (Fr. 12.462).
Achat à Berthier et Cie, de cette ville, de 5 surons cochenille mestèque, pesant net 402 kil. à fr. 31, que j'ai immédiatement réglés en mon billet au 15 juin. . 12.462 »

14 d^o^

Art. 38. Caisse a Marchandises gén. (Fr. 13.065).
Vendu à L. Rouvière, de cette ville, les 5 surons cochenille, à fr. 32 50 le kil. . 13.065 »

16 d^o^

Art. 39. Effets a Payer aux Suivants (Fr. 12.462).
Pour escompte à Berthier et Cie de mon effet de pareille somme au 15 juin.
A Caisse (Fr. 12.304 50).

A Reporter. 306.535 12

Report. 306.535 12

Je leur ai compté.	12.304 50	
A Profits et Pertes (Fr. 157 50)		
Escompte retenu.	157 50	
	12.462 »	12.462 »

18 d°

Art. 40 PROFITS ET PERTES A CAISSE (Fr. 1.598 80).
Remboursé le billet de Jean Lacroix, mort insolvable 1.598 80

18 d°

Art. 41. DUPERRON A ACTIONS (Fr. 14.000).
Je lui cède pour cette somme qu'il tiendra à ma disposition les 25 actions du chemin de fer de Rouen. . . . . 14.000 »

LEÇON VIe

19 d°

Art. 42. MARCHANDISES GÉN. A DUPERRON (Fr. 4.800).

Acheté à J. Rousseau, de cette ville, payable en une traite que je l'autorise à faire sur Duperron, 12 barriques vin Barsac, à fr. 250 l'une . . .	3.000 »	
10 barriques Saint-Emilion, à fr. 180 l'une	1.800 »	
	4.800 »	4.800 »

26 d°

Art. 43. EFFETS A RECEVOIR A MARCHAND. GÉN. (Fr. 7.756 65).
Vendu à E. Lefranc, de cette ville, les mar-

A Reporter. 339.395 92

Report. 339.395 92

chandises ci-après qu'il m'a soldées en une traite sur Londres, de 309 liv. st. 7 d. au change de fr. 25 10, payable à 10 jours de vue.

10 caisses savon Marseille, 2e qualité, net : 3.440 kil. à fr. 99 les 0/0 kil. 3.078 90

6 barriques gomme Sénégal, net : 1.215 kil. à fr. 3.85 . . . . . 4.677 75

7.756 65 7.756 65

28 do

Art. 44. Backuisen et Cie a Marchandises gén. (Fr. 20.160) pour un crédit de pareille somme ouvert sur eux, en paiement de 60 balles café Martinique, net 7.200 kil. à fr. 280, vendues à T. Reiffenberg, de Strasbourg . . . . 20.160 »

31 do

Art. 45. Caisse aux suivants (Fr. 7.957 60).

Pour négociation au change de fr. 25 75, de ma traite de 309 liv. st. 7 d.

A Effets à Recevoir (Fr. 7.755 95).

Valeur pour laquelle cette traite est entrée. 7.756 65

A Profits et Pertes (Fr. 200 95), pour bénéfices sur la négociation 200 95

7.957 60 7.957 60

Total des 3 mois : **375.270 17**

CHAPITRE IV

GRAND LIVRE

LES LEÇONS DU GRAND LIVRE NE SONT NULLEMENT MENTIONNÉES ; ELLES POURRONT SE FAIRE AVEC LES LEÇONS DU JOURNAL.

Folio

1910.	Doit.	MARCHANDISES
Janvier.	5 à Caisse pour achat de marchandises f°..	12.577 08
—	8 aux suivants	5.656 60
—	11 à id.	14.377 »
—	28 à Marchandises gén. pour 146 h. 3/6 .	8.549 76
		41.160 44
Février.	4 à Duperron pour 16 pipes eau-de-vie. .	4.819 »
—	15 à Caisse pour transport de id. .	843 »
—	18 à Effets à Recevoir pour 6 barriques gomme Sénégal	4.252 50
—	25 aux suivants pour 60 balles café. . .	18.316 80
—	28 à Marchandises gén. pour 3 barriques Sauterne	1.500 »
		70.891 74
Mars.	11 à Effets à Payer, p. 5 surons cochenille.	12.462 »
—	19 à Duperron pour 22 barriques vin . .	4.800 »
		88.153 74
Avril.	1er à Profits et Pertes, pour bénéfice . .	6.663 95
		94.817 69

1910.	Doit	CAPIT
Avril.	1er à Balance de sortie, pour solde, à nouveau	66.663 95

1

GÉNÉRALES **Avoir.**

Janvier.	12	Par Caisse pour 34 barriques vin de Médoc	3.740 »
—	14	Par Effets à Recevoir pour vente de sucre et café	1.586 »
—	15	Par S. Langlois pour 20 barriques Médoc	2.220 »
—	22	Par Dépenses de Maison pour 2 barriques Médoc	200 »
—	28	Par les suivants	11.424 »
			19.170 »
Février.	20	Par les suivants	14.577 »
—	20	id.	1.729 80
			35.476 80
Mars.	6	Par les suivants	3.084 64
—	14	» Caisse pour 5 surons cochenille	13.065 »
—	26	» Effets à Recevoir pour savon et gomme Sénégal	7.756 65
—	28	» Backuisen pour crédit ouvert	20.460 »
			79.543 09
Avril.	1er	Par Balance de sortie	15.274 60
			94.817 69

AL **Avoir.**

Janvier.	1er	Par Caisse reçu de mon père pour mon mon commerce	60.000 »
Avril.	1er	Par Profits et Pertes (solde de compte)	6.663 95
			66.663 95

Folio

1910. **Doit.** CAIS

Janvier.	1er à Capital pour autant reçu de mon père	60.000 »
—	9 à Effets à Payer, reçu en prêt de mon oncle	30.000 »
—	12 à Marchandises gén. pour 34 barriques vin Médoc	3.740 »
—	28 à Marchandises pour appoint	374 24
		94.114 24
Février.	7 aux suivants	3.428 55
—	14 » Effets à Recevoir	11.740 »
—	18 » » appoint	447 »
—	20 » Marchandises gén., reçu de Langevin	1.277 »
—	28 » Marchandises, reçu de Lasserre	229 80
		111.206 59
Mars.	6 à Doit pour négociation de ma traite sur Marais	3.069 23
—	14 à Doit pour 5 surons cochenille	13.065 »
—	31 aux suivants	7.957 60
		135.298 42
Avril.	1er à Balance d'entrée, espèces en caisse.	53.353 40

2

SE **Avoir.**

Janvier.	3	Par	Frais généraux f°	1.450 75
—	4	»	les suivants.	1.400 »
—	5	»	Marchandises générales	12.577 08
—	6	»	Dépenses de Maison, pour achat de mobilier	1.431 50
—	7	»	Par Effets à Recevoir.	5.917 »
—	8	»	Marchandises générales, pour 56 barriques de Médoc.	2.656 60
—	11	»	Dépenses pour frais de transport.	282 »
—	26	»	Profits et Pertes, pour autant qu'on m'a volé	2.000 »
—	31	»	Par Effets à Recevoir pour Négociation d'Effets	9.131 81
				36.546 74
Février.	1er	Par	Dépenses de Maison	309 50
—	»	»	Frais généraux.	199 »
—	6	»	Actions et Rentes.	4.810 »
—	11	»	Effets à Recevoir pour négociation.	9.425 58
—	15	»	Guilbert, payé sa traite. . . .	14.095 »
—	»	»	Marchandises générales, payé pour transport	843 »
—	25	»	Marchandises générales, payé pour assurance.	1.036 80
				67.265 62
Mars.	1er	Par	dépenses de Maison	411 50
—	»	»	Frais généraux.	210 »
—	4	»	Dépenses de Maison.	154 60
—	16	»	Effets à payer, escompté mon billet à Berthier.	12.304 50
—	18	»	Par Profits et Pertes, remboursé le billet Lacroix	1.598 80
				81.945 02
Avril.	1er	Par	Balance de sortie pour espèces en Caisse	53.343 40
				135.298 42

Folio

1910. **Doit.** EFFETS A

Janvier.	7 aux suivants. Traite Moreau f. 15 mars fe.	3.000	»
—	» — — 15 avril .	3.000	»
—	14 » Marchandises générales, billet Lacroix, 15 mars.	1.586	»
—	16 » Langlois, Traite Langlois, 16 avril.	2.220	»
—	18 » Marchandises générales, billet Rougier, 27 avril	2.500	»
—	31 aux suivants traite sur Guéret à vue. .	65	»
—	» — — Nantes à vue. .	80	40
—	» — — Lyon, 15 février.	3.420	»
—	» — — — 15 mars .	2.210	»
—	» — — Grenoble, 20 id.	110	»
—	» — — Limoges, 20 avril.	400	»
—	» — — Bordeaux, 20 id.	3.000	»
		21.591	40
Février.	11 aux suivants — sur Rouen, 15 mars. .	9.500	»
		31.091	40
Mars.	26 à Marchandises générales, traite sur Londres, 10 jours de vue . . .	7.756	65
		38.848	05

1910. **Doit.** EFFETS A

Mars.	16 aux suivants billet ordre Berthier. 15 juin.	12.462	»

3

RECEVOIR **Avoir.**

Janvier.	8	Par March gén. traite Moreau f. 15 mars	3.000	»
Février.	7	» Caisse gén. sur Lyon 15 courant. .	3.420	»
—	14	» — — 15 mars . .	2.210	»
—	»	» — sur Rouen — . .	9.500	»
—	15	» Duperron billet J. Lacroix, 15 mars.	1.586	»
—	»	» — traite Moreau f. 15 avril.	3.000	»
—	18	» Les suivants traite Langlois —	2.220	»
—	»	» — billet Rougier 27 avril.	2.500	»
			27.436	»
Mars.	4	Par Dépenses de Maison :		
—	»	— traite sur Guéret à vue .	65	»
—	»	— — sur Nantes — .	80	40
—	»	— — sur Grenoble 20 mars	110	»
—	»	— — sur Limoges 30 avril	400	»
—	31	Par Caisse traite sur Londres 10 J. de vue	7.756	65
			35.848	05

PAYER **Avoir.**

Janvier.	6	Par Frais généraux, billet ordre Compagnie Assurance 30 juin.	300	»
—	9	Par Caisse oblig. ordre Jouvenet 5 ans.	30.000	»
			30.300	»
Masr.	2	Par Mellier Berthoud billet ordre Mellier B. 31 mai.	6.000	»
—	»	— — 15 juin.	6.000	»
—	»	— — 30 juin.	5.280	»
—	11	Par Marchand. générales Mellier, ordre Berthier, 15 juin	12.462	»
			60.042	»

Folio

1910.	**Doit.**	PERTES ET	
		f°.	
Janvier.			
—	26 Caisse pour autant volé.		2.000 »
Février.	18 Effets à recevoir pour escompte . . .		20 50
			2.020 50
Mars.	6 à Marchandises générales		15 41
—	18 à Caisse, remboursé le billet Lacroix mort insolvable.		1.598 80
			3.634 71
Avril.	1er à Capital solde formant mes bénéfices nets		5.653 95
			9.288 66

	Doit	DÉPENSES DE
Janvier.	3 à Caisse pour loyer	400 »
—	6 à Caisse pour achat de mobilier . . .	1.431 50
—	22 à Marchandises générales	200 »
		2.031 50
Février.	1er à Caisse dépenses du mois	309 50
		2.341 »
Mars.	1er à Caisse dépenses du mois	411 50
—	4 aux suivants	810 »
		3.562 50

4

PROFITS (1)

Avoir.

Janvier.	7	Par effets à recevoir pour escompte.	83 »
—	31	» effets pour change et escompte. .	153 59
			236 59
Février.	7	Par Caisse p. commission de change.	8 55
—	11	» Effets à recevoir pour escompte. .	74 42
			319 56
Mars.	16	Par effets à payer pour escompte . .	157 50
—	31	» Caisse pour bénéfice s. la nég. .	200 95
			678 01
Avril.	1er	Par Marchandises générales. . . .	8.610 65
			9.288 66

MAISON

Avoir.

Avril.	1er	Par profits et pertes pour solde. . .	3,562 50

Nota (1). — Nous avons mis à ce Folio : Pertes et Profits, au lieu de Profits et Pertes,
pour montrer que les « Pertes » sont au compte Débiteur (Doit),
et les « Profits » sont au compte Créditeur (Avoir).

Folio

1910. **Doit**	FRAIS
Janvier. 3 à Caisse (mobilier (1) et frais d'installation.	1.450 75
— » à Caisse.	1.000 »
— » à Effets à payer pour prime d'assurance.	300 »
	2.450 75
Février. 1er à Caisse	199 »
	2.649 75
Mars. 1er à Caisse	210 »
	2.859 75

	ACTIONS
Février. 6 à Caisse p. 2 actions de la banque. .	4.810 »
— 20 à Marchandises gén. pour 25 actions de chemin de fer.	13.300 »
	18.110 »

(1) *MOBILIER (agencement de maison de Commerce).*

C'est avec intention que nous n'avons pas ouvert au Grand Livre un compte particulier à Mobilier. — Vu la simplicité et surtout la brièveté de notre comptabilité, nous avons fait entrer ce compte dans celui de Frais généraux; nous considérons que le mobilier, étant dans les frais d'installation, doit être compris ici comme participant dans les *Frais généraux* et doit être inscrit au débit de ce compte — et au crédit du compte de Caisse.

Tout commerçant ayant une maison de commerce importante doit ouvrir un compte spécial à MOBILIER, comme il en ouvre un à IMMEUBLES, à ÉCURIES, etc.

Voir plus loin notre Inventaire général (modèle d'une année).

5

GÉNÉRAUX **Avoir.**

Avril. 1er Par Profits et Pertes pour solde. . . . 2.859 75

ET RENTES

Mars. 18 Par Duperron, p. 25 act. chemin de fer. 14.000 »

Comptes des

Folio

1910. **Doit.** GUILBERT,

Février. 15 à Caisse pour sa traite. . . . . 14.095 »

LANGLOIS.

Janvier. 15 à Marchandises générales, pour 20 barriques Médoc. . . . . 2.220 »

DUPERRON.

Février. 15 à Effets à Recevoir . . . . 4.586 »
Mars. 18 à Actions, rentes et contrats pour 25 actions du chemin de fer. . . . . 14.000 »
18.586 »

MELLIER, BERTHOUD et Cie,

Mars. 2 à Effets à payer, leurs traites. . . . . 17.280 »

BACKUISEN et Cie,

Mars. 28 à Marchandises générales pour le crédit ouvert sur eux. . . . . 20.160 »

Clients et Fournisseurs

G

au Havre. **Avoir.**

Janvier. 14 Par Marchandises générales pour 50 caisses savon . . . . 14.095 »

de Lille.

Janvier. 16 Par Effets à recevoir pour ma traite. . 2.220 »

de Bordeaux.

Février. 4 Par Marchandises générales pour 16 pipes eau-de-vie. . . . . 4.819 »
Mars. 19 Par Marchandises générales pour la traite Rousseau. . . . . 4.800 »
9.619 »

de la Martinique.

Février. 25 Par Marchandises générales pour 60 balles de café. . . . . 17.280 »

de Bruxelles.

BALANCE DES

ET DE

Folio du Gd-Livre	JANVIER 1910	DÉBIT	CRÉDIT
1	Marchandises générales . .	41.160 44	19.170 »
2	Caisse.	94.114 24	36.546 74
3	Effets à Recevoir.	21.591 40	3.000 »
3	Effets à Payer.	» »	30.300 »
4	Profits et Pertes.	2.000 »	236 59
1	Capital.	» »	60.000 »
5	Frais généraux.	2.450 75	» »
4	Dépenses de Maison . . .	2.031 50	» »
6	Guilbert	» »	14.095 »
6	Langlois	2.220 »	2.220 »
	TOTAUX.	165.568 33	165.568 33

Folio du Gd-Livre	FÉVRIER 1910	DÉBIT	CRÉDIT
1	Marchandises générales. .	29.731 30	16.306 80
2	Caisse.	17.092 35	30.718 88
3	Effets à Recevoir.	9.500 »	24.436 »
4	Profits et Pertes	20 50	82 97
5	Frais généraux	199 »	» »
4	Dépenses de Maison. . .	309 50	» »
6	Guilbert	14.095 »	» »
6	Duperron.	4.586 »	4.819 »
5	Actions et Rentes. . . .	18.110 »	» »
6	Mellier, Berthoud et Cie. .	» »	17.280 »
	TOTAUX.	93.643 65	93.643 65

VÉRIFICATIONS
SORTIE

Folio du Gd-Livre	MARS 1910	DÉBIT	CRÉDIT
1	Marchandises générales. .	17.262 »	44.066 29
2	Caisse.	24.091 83	14.679 40
3	Effets à Recevoir.	7.756 65	8.412 05
3	Effets à Payer.	12.462 »	29.742 »
4	Profits et Pertes	1.614 21	358 45
5	Frais généraux.	210 »	» »
4	Dépenses de Maison. . . .	1.221 50	» »
6	Duperron.	14.000 »	4.800 »
5	Actions et Rentes. . . .	» »	14.000 »
6	Mellier, Berthoud et Cie. .	17.280 »	» »
6	Backuisen et Cie.	20.160 »	» »
	TOTAUX.	116.058 19	116.058 19

LES 4 RÈGLES SERVANT A DISTINGUER LE DÉBITEUR ET LE CRÉDITEUR

I. **Tout compte actif qui reçoit est débité.**
II. **Tout compte actif qui livre est crédité.**
III. **Tout compte passif qui reçoit est crédité.**
IV. **Tout compte passif qui livre est débité.**

Les principaux comptes actifs sont :

Caisse, Dettes des clients, Effets à recevoir, Fonds de commerce, Frais d'établissement, Frais généraux, Immeubles, Loyer d'avance, Main-d'œuvre, Marchandises en magasin, Mar-

chandises en fabrication, Matériel, Matières premières, Mobilier, Pertes, Titres, etc.

Les principaux comptes passifs sont :

Amortissements, Capital, Créances des fournisseurs, Effets à payer, Profits, Réserves, etc.

BALANCE. — VÉRIFICATION GÉNÉRALE

JANVIER, FÉVRIER ET MARS 1910

Folio du Gd-Livre		DÉBIT (Doit)	CRÉDIT (Avoir)
1	à Marchandises générales . .	88.153 74	
	par d° . .		79.543 09
2	à Caisse	135.208 42	
	par d° . . .		81.045 02
3	à Effets à Recevoir	38.848 05	
	par d° . . .		35.840 05
3	à Effets à Payer	12.452 »	
	par d° . . .		60.042 »
4	à Profits et Pertes	3.634 71	
	par d° . . .		678 01
1	à Capital	» »	
	par d° . . .		60.000 »
5	à Frais généraux	2.859 75	
	par d° . . .		» »
4	à Dépenses de Maison . . .	3.562 50	
	par d° . . .		» »
6	à Guilbert	14.095 »	
	par d°		14.095 »
6	à Langlois	2.220 »	
	par d°		2.220 »
5	à Actions et Rentes . . .	18.440 »	
	par d° . . .		14.000 »
6	à Duperron	18.586 »	
	par d°		9.619 »
6	à Mellier	17.280 »	
	par d°		17.280 »
6	à Backuisen	20.460 »	
	par d°		» »
		375.270 17	375.270 17

BALANCE DE SORTIE

Suivant la différence des Débits et des Crédits

1910 Avril 1er		DOIT		AVOIR	
	Profits et Pertes à Marchandises Gles. (Solde, voir le Folio 1 du Gd-Livre) . . .	5.653	95		
	Profits et Pertes à Capital solde. (Folio 2 du Gd-Livre).	5.653	95		
	Marchandises Gles par Caisse .			5.655	95
	Caisse à Capital	60.000			
	Capital par Profits et Pertes .			5.635	95
	Capital par Caisse.			60.000	
	Capital net : 71,367 frances — 5,635 fr. 95 = 65,653 fr. 95 .	71.367	90	71.367	90

INVENTAIRE

1910 — ACTIF —

Caisse

Argent en Caisse.		56.759 31

Marchandises en magasin.

338 m. toile de Flandre à fr. 3 ».	1.014 »	
6 barriques café Bourbon, pesant 520 kil. à fr. 2 60.	1.352 »	
4 barils olives, pesant 240 kil., à 2 20. .	528 »	
6 barriques vin Thorins.	1.200 »	4.094 »

Effets a Recevoir.

Traite protestée sur Bordeaux.	432 40	
Billet Laroche, 20 juillet	1.680 »	
Billet Lerouge, 31 id.	3.000 »	5.112 40

Navire.

Valeur de l' « Eugénie », y compris les frais de réparation, d'armement et d'assurance		115.712 »

Cargaison de l'*Eugénie*.

Pour sa valeur		72.575 »

Actions.

Valeur de deux actions de la banque.		4.840 »

Immeubles.

Valeur de la maison de la rue des Bernardins. . .		55.000 »

Mobilier.

Pour sa valeur		3.500 »

Comptes divers.

Marchandises en commission chez Langlois	10.857 40	
Vauthier, pour crédit ouvert chez lui.	3.000 »	
Marchandises de C. à 1/3 avec Quesnel et Legendre	13.706 66	27.564 06
Total de l'actif.		**345.126 77**

GÉNÉRAL

1910 — PASSIF —

Créanciers chirographaires.

M/ Billet O/ Cie d'assur., 31 juillet . . .	115 »		
— O/ Guilbert id. . . .	12.000 »		
— id. 31 août.	12.000 »		
— id. 31 octobre . . .	12.000 »		
— id. 30 novembre. . .	12.000 »		
— O/ Bordier, 15 juillet	6.000 »		
— id. 15 août.	5.580 »		
— O/ Roger, 15 août	4.100 »		
— O/ Larin, 31 décembre . . .	18.000 »		
— O/ Lerouge, 31 août	3.000 »		
— O/ Lefort, 20 —	4.672 »		
— O/ Barillon, —	3.750 »		
— O/ Boucher, 25 —	5.200 »	98.417 »	

Créanciers par compte.

Guilbert.	2.991 »	
Duperron.	10.838 38	
Langlois	5.185 97	19.015 35

Contrats a la grosse aventure.

Par celui consenti à Rougier.	28.175 »
Total du passif. .	**145.607 35**

Résultat des 6 premiers mois de 1910

ACTIF		PASSIF	
Argent	56.759 31	Créances p. billets.	98.417 »
Marchandises .	4.094 »	Créanciers p. comptes	19.015 35
Effets à recevoir.	5.442 40	Contrats à la grosse aventure.	28.175 »
Navire	115.712 »		
Cargaison . . .	72.575 »		
Actions. . . .	4.810 »		
Immeubles . .	55.000 »	Passif	145.607 35
Mobilier . . .	3.500 »	Mon capital est donc de	199.519 42
Comptes divers.	27.564 06		
	345.127 77		345.126 77

Certifié le présent État sincère et conforme à mes livres, sauf erreurs ou omissions.

Paris, le 15 juillet 1910.

Signature :

Alexandre BAZINET.

ARTICLES D'INVENTAIRE

Pour calculer le bénéfice au moyen de la comptabilité, il faut passer trois articles au Journal et au Grand-Livre.

1. Un article pour constater le bénéfice fait sur les marchandises, les effets à recevoir ou quelque autre compte.

2. Un article pour constater les pertes provenant de certains comptes ou pour transporter au compte de profits et Pertes le solde des comptes de Frais généraux, Dépenses de Maison, etc.

3. Un article pour solder le compte de Profits et Pertes. — Voir le solde de ces comptes et la réouverture des comptes à la leçon 3e, chapitre 1er.

CHAPITRE V

SOMMAIRE

Carnet des Effets à Recevoir et des Effets à Payer. — Calendrier. — Livre de Caisse. — Livre de Magasin. — Livre d'Entrée et de Sortie des Marchandises.

MODÈLE DU CARNET DES EFFETS A RECEVOIR

Nos d'ordre des Effets	Dates de l'Entrée des Effets	Tireurs ou Confectionres	Cédants	Accepteurs ou Payeurs	Lieux de Paiement	Jours des Echéances	Sommes	Observations
				JANVIER				
6	Janvier 31	J. Lemoine	J. Lemoine	Dupuy	Guéret	à vue	60 »	Sortie le 4 Mars.
7	do	do	do	Barois	Nantes	do	80 »	do do
				FÉVRIER				
8	Janvier 31	Barrat	J. Lemoine	Thibaudier	Lyon	15	3420 »	Négocié à Lecointre le 7 février.
				MARS				
1	Janvier 7	Pichon	L. Allier	Moreaux fres	Paris	15	3000 »	Sortie le 8 Janvier.

MODÈLE DU CARNET DES EFFETS A PAYER

Echéances du Mois d'AVRIL 1910

Nos d'ordre des Effets	Dates de la souscription ou de la sortie des Effets		Tireurs ou Confectionres	Ordre	Jours de l'Echéance	Sommes à payer	Observations
7	Avril	3	Quesnel à 10 j. de vue	Quesnel	13	3850 »	Payée le 15
			MAI				
3	Mars	2	Mellier, Berthoud	Nicolas Strauss	31	6000 »	Payée
			JUIN				
4	Mars	2	Mellier, Berthoud	Nicolas Strauss	15	6000 »	Payée
5	do	»	do do	do	30	5280 »	do
6	do	11	Moi	Berthier & Cie	15	12462 »	do
11	do	25	do	Guilbert	30	12000 »	do
			JUILLET				
8	Mai	8	Moi	Cie d'Assurces	31	115 »	Payée
12	do	25	do	Guilbert	»	12000 »	do
17	do	30	do	Bordier	15	6000 »	do

CALEN

Servant à connaître le nombre de

Méthode :

JANVIER		FÉVRIER		MARS		AVRIL		MAI		JUIN	
DATES du mois	JOURS de l'année	DATES du mois	JOURS de l'année	DATES du mois	JOURS de l'année	DATES du mois	JOURS de l'année	DATES du mois	JOURS de l'année	DATES du mois	JOURS de l'année
1	1	1	32	1	60	1	91	1	121	1	152
2	2	2	33	2	61	2	92	2	122	2	153
3	3	3	34	3	62	3	93	3	123	3	154
4	4	4	35	4	63	4	94	4	124	4	155
5	5	5	36	5	64	5	95	5	125	5	156
6	6	6	37	6	65	6	96	6	126	6	157
7	7	7	38	7	66	7	97	7	127	7	158
8	8	8	39	8	67	8	98	8	128	8	159
9	9	9	40	9	68	9	99	9	129	9	160
10	10	10	41	10	69	10	100	10	130	10	161
11	11	11	42	11	70	11	101	11	131	11	162
12	12	12	43	12	71	12	102	12	132	12	163
13	13	13	44	13	72	13	103	13	133	13	164
14	14	14	45	14	73	14	104	14	134	14	165
15	15	15	46	15	74	15	105	15	135	15	166
16	16	16	47	16	75	16	106	16	136	16	167
17	17	17	48	17	76	17	107	17	137	17	168
18	18	18	49	18	77	18	108	18	138	18	169
19	19	19	50	19	78	19	109	19	139	19	170
20	20	20	51	20	79	20	110	20	140	20	171
21	21	21	52	21	80	21	111	21	141	21	172
22	22	22	53	22	81	22	112	22	142	22	173
23	23	23	54	23	82	23	113	23	143	23	174
24	24	24	55	24	83	24	114	24	144	24	175
25	25	25	56	25	84	25	115	25	145	25	176
26	26	26	57	26	85	26	116	26	146	26	177
27	27	27	58	27	86	27	117	27	147	27	178
28	28	28	59	28	87	28	118	28	148	28	179
29	29			29	88	29	119	29	149	29	180
30	30			30	89	30	120	30	150	30	181
31	31			31	90			31	151		

NOTE :

Ce calendrier, destiné à faire connaître le nombre de jours qui doivent être comptés d'une date à une autre, est fort utile pour l'établissement des bordereaux d'escompte et des comptes courants.

Voici la manière d'en faire usage :

Supposons que vous vouliez connaître le nombre de jours qu'il y a entre le 14 février et le 29 juin ; cherchez la date du 29 dans la colonne du mois de juin, vous verrez à côté de cette date, dans la colonne des jours de l'année, le nombre 180. Retranchez de ce nombre celui de 45 qui se trouve à côté du 14,

DRIER

jours qu'il y a entre deux dates

F. Fleury.

JUILLET		AOUT		SEPTEMBRE		OCTOBRE		NOVEMBRE		DÉCEMBRE	
DATES du mois	JOURS de l'année	DATES du mois	JOURS de l'année	DATES du mois	DATES de l'année	DATES du mois	DATES de l'année	DATES du mois	DATES de l'année	DATES du mois	DATES de l'année
1	182	1	213	1	244	1	274	1	305	1	335
2	183	2	214	2	245	2	275	2	306	2	336
3	184	3	215	3	246	3	276	3	307	3	337
4	185	4	216	4	247	4	277	4	308	4	338
5	186	5	217	5	248	5	278	5	309	5	339
6	187	6	218	6	249	6	279	6	310	6	340
7	188	7	219	7	250	7	280	7	311	7	341
8	189	8	220	8	251	8	281	8	312	8	342
9	190	9	221	9	252	9	282	9	313	9	343
10	191	10	222	10	253	10	283	10	314	10	344
11	192	11	223	11	254	11	284	11	315	11	345
12	193	12	224	12	255	12	285	12	316	12	346
13	194	13	225	13	256	13	286	13	317	13	347
14	195	14	226	14	257	14	287	14	318	14	348
15	196	15	227	15	258	15	288	15	319	15	349
16	197	16	228	16	259	16	289	16	320	16	350
17	198	17	229	17	260	17	290	17	321	17	351
18	199	18	230	18	261	18	291	18	322	18	352
19	200	19	231	19	252	19	292	19	323	19	353
20	201	20	232	20	263	20	293	20	324	20	354
21	202	21	233	21	264	21	294	21	325	21	355
22	203	22	234	22	265	22	295	22	326	22	356
23	204	23	235	23	266	23	296	23	327	23	357
24	205	24	236	24	267	24	297	24	328	24	358
25	206	25	237	25	268	25	398	25	329	25	359
26	207	26	238	26	269	26	399	26	330	26	360
27	208	27	239	27	270	27	300	27	331	27	361
28	209	28	240	28	271	28	301	28	332	28	362
29	210	29	241	29	272	29	302	29	333	29	363
30	211	30	242	30	273	30	303	30	334	30	364
31	212	31	243			31	304			31	365

dans la colonne de février, et vous obtiendrez *133, nombre demandé.* Lorsqu'il s'agit de passer d'une année à l'autre, 18 décembre 1910 au 27 avril 1911, il faut : 1° retrancher de 365 (jours de l'année), le 352, qui se trouve à côté de la date du 18 décembre; 2° ajouter à ce nombre celui qui correspond au 27 avril (117) et vous trouverez *130 jours pour le nombre cherché.*

Pour les années bissextiles, vous ajouterez une unité au nombre trouvé, lorsque la fin de février se trouve comprise dans le nombre de jours à calculer.

E. Fleury.

Doit. LIVRE DE

1910.	1	Reçu de mon père.	60.000 »
Janvier.	9	id. de M. Jouvenet.	30.000 »
—	12	id. de M. Laroche pour 34 barriques de vin.	3.740 »
—	28	id. de M. Rougier pour appoint . .	374 24
			94.114 24

Février.	1	A nouveau, pour le solde en caisse . .	57.367 50
—	7	Reçu de Lecointre, pour négociation d'une traite.	3.428 55
	14	Reçu d'Isaac Meyer, pour négociation de 2 traites.	11.710 »
—	18	Reçu de Th. Moulineaux	447 »
—	20	Reçu de T. Langevin, pour solde . .	2.277 »
—	28	Reçu de Laserre, pour solde	229 80
			74.459 85

CAISSE

Avoir.

1910.	3 Versé à la petite Caisse, pour menues dépenses	200 »
Janvier.	» Achats de divers objets p. magasins. .	1.150 75
—	» Payé pour 6 mois loyer magasins, bureau.	1.000 »
—	» Payé pour loyer de l'appartement . .	400 »
—	5 Payé pour achat de marchandises . .	12.577 08
—	» Payé pour achat de mobilier.	1.431 50
—	7 Compté à Allier pour négociation de 2 traites	5.947 »
—	8 Pour achat de marchandises et frais. .	2.656 50
—	11 Pour frais de transport et emmagas. .	282 »
—	26 Pour autant qu'il m'a été volé. . . .	2.000 »
—	31 Pour négociation d'effets	9.131 81
		36.746 74
—	31 En caisse le 31 janvier.	57.367 50
		94.114 24

Février.	1 Appts de commis et garçon magasin.	199 »
—	» Dépenses de maison pour le mois de janvier	309 50
—	6 Achat de deux actions de la banque. .	4.810 »
—	11 Pour escompte de traites sur Rouen. .	9.425 58
—	15 Payé la traite de Guilbert.	14.095 »
—	» Payé pour frais. Transport eau-de-vie.	843 »
—	25 Payé pour assurance	1.036 80
		30.718 88
—	En caisse le 28 février.	43.740 97
		74.459 85

LIVRE DE MAGASIN

1910	DATES	QUANTITÉS	ENTRÉE	QUANTITÉ	PRIX Fr.	PRIX C.	TOTAL Fr.	TOTAL C.	SORTIE QUANTITÉS	SORTIE QUANTITÉS	SORTIE QUANTITÉS	SORTIE QUANTITÉS	SORTIE QUANTITÉS	RESTE EN MAGASIN QUANTITÉS	RESTE EN MAGASIN PRIX Fr.	RESTE EN MAGASIN PRIX C.	RESTE EN MAGASIN TOTAL Fr.	RESTE EN MAGASIN TOTAL C.
Janvier	3	8	Balles café Martinique	960 kgr.	2	15	2064	»	3 barriq.	5 barriq.								
—	3	4	Balles café Bourbon	800 —	2	»	1600	»	2 —					400 kgr.	2	»	800	»
—	4	5	Barriques sucre.	1000 —	1	50	1500	»	2 —					600 —	1	50	900	»
—	4	3	Pièces eau-de-vie Cognac . .	—	120	»	360	»	1 pièce	1 pièce				1 —	120	»	120	»
—	8	8	Pièces vin Bordeaux . . .	—	100	»	800	»	4 —	4 —								
—	10	4	Pièces drap noir	136 mètr.	20	»	2720	»						136 mètres	20	»	2720	»
—	12	2	Pièces drap bleu .	64 —	18	»	1152	»						64 —	18	»	1152	»
—	14	3	Pièces drap gris. .	125 —	12	»	1500	»	100 mètres					25 —	12	»	300	»
—	16	4	Barriques d'anisette	120 litres	5	»	600	»						120 litres	5	»	600	»
—	19	1	Caisse de quincaillerie	240 couteaux	3	»	720	»						240 couteaux	3	»	720	»
									TOTAL des Marchandises restant en magasin. .								7312	»

LIVRE D'ENTRÉE ET DE SORTIE DE MARCHANDISES

1910. — Entrées | **Sorties. — 1910**

	Dates				Dates			
Janvier	8	56	Barriques vin de Médoc, achetées à J. Rousseau.	Janvier	12	34	Barriques vin de Médoc vendues à fr. 110 » à Laroche.	34 barriques.
					15	20	Barriques vin de Médoc vendues à fr. 111 » à Langlois.	20 barriques.
					22	2	Barriques vin de Médoc gardées pour mon usage.	2 barriques.
		56						56 barriques.
Janvier	11	40	Caisses savon Marseille 1re qualité, net : 11,200 k. à fr. 99 » achetées à H. Guilbert.	Janvier	28	40	Caisses savon Marseille 1re qualité à fr. 102 » vendues à Rougier.	40 caisses.
Janvier	11	10	Caisses savon Marseille 2e qualité, net : 3,110 k achetées à H. Guilbert.	Mars	26	10	Caisses savon Marseille 2e qualité à fr. 99 » vendues à Lefranc.	10 caisses.
Janvier	28	146	Hectolitres 3/6 à 58 fr. achetés à Rougier.	Février	20	146	Hectolitres 3/6 à fr. 64 » vendus à Langevin.	146 hectolitres.
Février	4	16	Pipes eau-de-vie d'Armagnac contenant 79 hectol. à fr. 61 » achetées à Duperron.	Février	20	16	Pipes eau-de-vie d'Armagnac contenant 79 hectol. à fr. 63 » vendues à Langevin.	16 pipes.
Février	18	6	Barriques gomme Sénégal, net : 1,215 k. à fr. 3 50 achetées à Moulineux.	Mars	26	26	Barriques gomme Sénégal, net : 1,215 k. à fr. 3 85 vendues à Langevin.	6 barriques.

CHAPITRE VI

EXERCICES ET DEVOIRS GRADUÉS

1er DEVOIR

Ire PARTIE

1) Paul achète pour cent vingt-cinq francs de marchandises à M. Leriche. Il paye en un billet à l'ordre de Leriche à 90 jours de ce jour. — *Etablissez ce billet.*

2) M. Auget, négociant, tire, suivant avis, une traite de deux cents francs sur son client A. Génot, de Paris. *Faire la lettre d'avis qui précédera la présentation de la traite de 30 jours. — Etablir ensuite la traite.*

IIe PARTIE

3) Vous remettrez en payement à M. X. un chèque de cent six francs sur le Crédit Lyonnais à Paris. — *Faites ce chèque.*

4) Facture : Etablissez une facture acquittée dont le montant sera de trois cents francs, avec une remise sur ce montant de 4 0/0.

2e DEVOIR

Livres de commerce

1) Quels sont, avec leur définition, les livres de commerce exigés par la loi ? — Les livres appelés livres auxiliaires ?

2) Démontrer l'utilité du Grand-Livre.

3) Établissez la différence qu'il y a entre un compte débiteur et un compte créditeur; entre l'actif et le passif d'un commerçant.

3e DEVOIR

EXERCICES à établir sur le Brouillard: à passer ensuite les articles sur le Journal et le Grand-Livre suivant le modèle des 45 premiers articles.

AVRIL

Art. 46 et 47. 1er Avril. Mes dépenses de maison durant le mois de Mars se sont élevées à 717 fr.

J'ai pris en caisse pour dépenses personnelles 300 francs. J'ai payé les appointements, articles de bureau, affranchissements du mois de Mars.

Art. 48. 1er Avril. Acheté à Quesnel, du Havre, 160 balles de coton Géorgie pesant ensemble 245 quintaux, à 98 fr. l'un. Soldé de la manière suivante : Traite sur Backuisen de Bruxelles, 20.160 fr.; sur moi à dix jours de vue, 3.850 fr.

Art. 49. 3 Avril. Accepté la traite Quesnel à 10 jours de vue, 3.850 fr.

Art. 50. 5 Avril. J'ai hérité de mon oncle Jouvenet ce qui suit :

1. 30.000 fr. qu'il m'a prêtés.
2. 45.000 fr. rente 5 0/0.
3. 55.000 fr. maison sise à Passy.
4. 3.500 fr. estimation du mobilier.
5. 3.800 fr. montant de diverses créances.
6. 3.502 fr. en espèces.

J'ai acquitté diverses dettes 1.047 fr. 50 et différents legs 21.000 fr.

Art. 51.
8 Avril.
Louis Cazelot, de Libourne, m'a expédié 160 pièces de vin de Bordeaux qu'il me charge de vendre pour son compte.

Payé pour frais de transport 2.400 fr.

Art. 52.
10 Avril.
Payé pour imposition de la maison sise à Passy (héritage), 202 fr.

Art. 53.
12 Avril.
Vendu à Laforge de C/V. 30 pièces de vin de Bordeaux, consignation Cazalot, à 92 fr. la pièce. — Il m'a payé en son billet fin courant.

4e DEVOIR

Art. 54.
15 Avril.
Payé ce jour la traite Quesnel, 3.850 fr.

Art. 55.
15 Avril.
Reçu pour loyer de ma maison de Passy, 880 fr.

Art. 56.
15 Avril.
Payé le terme échu ce jour de mes magasins et de mon appartement, 700 fr.

Art. 57.
20 Avril.
Vendu à terme à Tronchon 60 pièces de vin de Bordeaux, consignation Cazalot, à raison de 90 fr. la pièce.

Art. 58.
20 Avril.
Tronchon m'a remis en payement une traite à vue sur Peysera, de Bordeaux, que j'ai passée à l'ordre de Cazalot, 5.400 fr.

Art. 59.
22 Avril.
Donné à mon frère une pièce de vin de Sauterne et deux pièces de vin de Bordeaux (consignation Cazalot) au prix de revient, soit 500 fr., plus 180 fr.

Art. 60.
30 Avril.
Vendu au cours de ce jour 2.500 fr. de rentes (héritage). Reçu 46.500 fr.

Art. 61.
30 Avril.
Acheté une maison à Bonnichon, située à Nangis. Payé 52.600 fr.

Art. 62.
30 Avril.
Renouvelé pour le 31 mai prochain l'effet de Laforge impayé 2.760 fr. Il y a en plus les intérêts de retard de 6 0/0.

Etablir la balance de vérification d'avril. (Voir modèle p. 62.)

5e DEVOIR

MAI

Art. 63. 1er Mai. Dépenses de maison du mois d'avril 50 francs. — Pris à la caisse pour dépenses personnelles 100 fr.

Art. 64. 1er Mai. Payé pour appointements d'avril 371 fr. 50.

Art. 65. Acquitté les legs suivants conformément aux conditions de mon héritage :

A André Fleury, 16.000 fr. ; à Marguerite Fleury, 2.500 fr. ; à Marcel Bonnichon, 2.000 fr. ; à Aurélie Gouflier, 200 fr. ; à Paul Leriche 300 fr.

1 terme d'appartement occupé par mon oncle, 150 fr.; donné à son tailleur 247 fr.; à son cordonnier, 48 fr. Petite dette, 287 fr. Imposition pour sa maison, 315 fr. 50.

Art. 66. 4 Mai. Vendu à M. Langlois, de Lille, 68 barriques de vin de Bordeaux consignation Cazalot, à 91 fr. la pièce. Réglé comme suit S/B au 20 mai, 3.000 fr. — S/B au 5 juin, 3.188 fr.

Art. 67. 5 Mai. Consignation Cazalot terminée.
Vendu 30 pièces à 92 fr.
— 62 pièces à 90 fr.
— 68 pièces à 91 fr.

A déduire : Traite sur Peyzera 5.400 fr., avances et frais 2.400 fr. — Entrepôt 190 fr. Ma commission 2 0/0 plus pour ducroire 2 0/0.

Art. 68. 6 Mai. Vendu à Laroche de C/V 4 barriques de vin de Sauterne extra fin à 300 fr. la barrique. — Il m'a donné en payement 6 pièces de vin de Thorins sup. à 200 fr. l'une.

6e DEVOIR

Art. 69. 6 Mai. Vendu à Garnier, de cette ville, 4 caisses indigo bengale pesant ensemble 418 kil. à 8 fr. 50 le kil. Payé comme suit : 1 effet à mon ordre de 400 fr au 20 avril et donné en payement le 4 mars dernier *(impayé) S/B de 1.000 fr. au 20 juin prochain*, un crédit sur Vauthier et Cie, 2.000 fr.; le reste en espèces dont escompte de 3 0/0.

Art. 70. 7 Mai. Vendu aux suivants (à divers) :

1o à Rouzier 120 pains de sucre pesant ensemble 723 kil. à 1 fr. 75 le kil. ;

2o à Simon Langlois 8 tierces de Riz-Caroline pesant net 1.690 kil. à 60 fr. les 0/0 kil. par la fourniture de 338 m. de toile;

3o à Laroche 6 barriques de Barsac à 280 fr. l'une. — Payé en son billet au 20 juillet.

Art. 71. 8 Mai. J'ai reçu de Légénisset 238 fr. que lui avait prêtés mon oncle.

Art. 72. 8 Mai. Assuré à la Cie du Phénix pour 60.000 fr. la maison achetée à Nangis, pour 55.000 fr. la maison de Passy.

Donné une obligation payable fin juillet pour le montant des assurances à raison de 1/10 0/0.

Art. 73. 8 Mai. Ouvert à Duperron, de Bordeaux, un crédit de 5.876 fr. 88.

Art. 74. 10 Mai. Quesnel, du Havre, a acheté de compte à tiers avec moi et Legendre 3.000 hect. de blé Odessa à 13 fr. 50 l'hectolitre.

Il m'a payé frais divers 628 fr.

Art. 75. 10 Mai. Legendre m'a remis son billet à M/O au 15 juillet prochain 13.706 fr. 66. Je lui ai compté les fonds *avec escompte de 6 0/0.*

7e DEVOIR

Art. 76. 15 Mai. Négocié à Lecointre le billet Legendre, escompte 5 0/0.

Art. 77. 15 Mai. *Payé ce jour la traite Quesnel 13.706 fr. 66.*

Art. 78. 15 Mai. Quesnel m'a vendu suivant mon ordre 160 balles *de coton Géorgie à 118 fr. le quintal, soit* 28.993 fr. 30 en tout. — Commission pour lui 2 0/0.

Frais divers, 110 fr. 17.

Art. 79. 17 Mai. J'ai fait traite sur Quesnel pour ce qu'il me devait sur ma vente à cinq jours à vue.

Art. 80. 18 Mai. Négocié au pair à Bellanger et Cie ma traite à vue sur Quesnel.

Art. 81. 19 Mai. Acheté au comptant de compte à demi avec Guilbert, du Havre, 2.000 m. de drap, à 10 fr. le m., 1.500 m. de drap à 11 fr. le m.

Art. 82. 17 Mai. Vendu au comptant le drap ci-dessus et dans les mêmes conditions avec Guilbert, 2.000 m. à 12 fr. et 1.500 m. à 13 fr. le m.

Art. 83. 19 Mai. L'opération avec Guilbert étant terminée, j'ai à débiter pour ma commissisn 435 fr. — Il doit en plus pour sa moitié aux divers frais 74 fr.

8e DEVOIR

Art. 84. 19 Mai. J'ai déboursé comme Guilbert pour mon compte 74 fr.

Art. 85. 19 Mai. Acheté à Rousseau 80 tonneaux (de 400 l.) de vin de Bordeaux à 100 fr. le tonneau payable à 3 mois. — *J'ai expédié ce vin à Langlois. — Commission 2 0/0.*

Art. 86. 19 Mai. Remis à Rousseau mon billet à son ordre payable le 20 août courant 32.000 fr.

Art. 87. 19 Mai. Duperron a acheté 40 pipes d'eau-de-vie jaugeant 239 hect. à 53 fr. l'hect. qu'il m'a expédiées pour être vendues de compte à demi avec moi.

Art. 88. 20 Mai. Vendu au comptant les 40 pipes d'eau-de-vie.

Art. 89. 20 Mai. Déboursé pour port des 40 pipes d'eau-de-vie et pour les frais 1.540 fr.

Art. 90. 20 Mai. Reçu le montant du billet de Langlois échu ce jour 3.000 fr.

Art. 91. 20 Mai. — Bénéfice de la vente des 40 pipes d'eau-de-vie 1.264 fr. 50.

Art. 92. 22 Mai. — Vendu la maison de Nangis 71.000 fr.

Art. 93. 24 Mai. — Prêté à Laforge pour 8 jours 600 fr.

9e DEVOIR

Art. 94. 25 Mai. — Acheté à Guilbert un navire *Eugénie*, 85.000 fr. réglé comme suit :

Mon billet fin juin		12.000 fr.
— do	— juillet	12.000 fr.
— do	— août	12.000 fr.
— do	— octobre	12.000 fr.
— do	— novembre	12.000 fr.

Remis le reste en espèces.

Art. 95. — Acheté les marchandises ci-après aux suivants :

1o à Bordier : 480 m. de drap à 16 fr. le m. ; 220 m. de soie à 20 fr. le m. ; assortiments divers, 6.500 fr. — Payé comme suit : effets au 15 juin 6.000 fr.
— au 15 juillet 7.000 fr.
— au 15 août 5.580 fr.

2o à Pierre Roger, coutellerie fine, 8.200 fr. Payé moitié en espèces, moitié en billet au 15 août prochain.

3o à M. Grandville, bijouterie assortie, 9.600 fr. ; payé au comptant 5 0/0 d'escompte.

4o à M. Boucher, 40 pendules ; sa facture qui reste à régler 5.200 fr.

10e DEVOIR

Art. 96. 31 Mai. — Payé mon acceptation O/ Mellier et Berthoud 600 fr.

Art. 97. 31 Mai. — Touché le montant de l'effet Laforge échu ce jour 2.670 fr. ; il m'a rendu le prêt de 600 fr.

Art. 98. 31 Mai. Donné ordre à Quesnel d'acheter pour mon compte pour l'armement de l'*Eugénie*, diverses provisions pour le montant de 6.050 fr.

Etablir la balance de vérification du mois de mai.

11e DEVOIR

JUIN

Art. 99. 1er juin. Dépenses de maison en mai, 621 fr. 35.

Art. 100. 1er juin. Payé appointements et divers frais de Mai 547 fr.

Art. 101. 1er Juin. Expédié au Havre les marchandises suivantes ; cargaison de l'*Eugénie* : Drap et étoffes achetés à Bordier ; les achats à Roger, coutellerie ; à Grandville, bijouterie ; à Boucher, pendules (Voir l'art. 95).

10 barriques St-Emilion, à 180 fr. l'une.

6 id. vin fin de Barsac, à 150 fr. —

Art. 102. 1er Juin. Acheté à Rougier pour charger sur l'*Eugénie* : 6.000 bouteilles vin fin, 600 bocaux de fruits à l'eau-de-vie. Le tout 24.500 fr.

Assurance de ces marchandises à grosse aventure par Rougier, remis à moi à raison de 15 0/0.

Art. 103. 3 Juin. Envoyé à Quesnel pour ses frais de mai 6.050 fr.

Pour sa commission à 2 0/0 121 fr.

Frais d'envoi de ces sommes 3 fr.

Art. 104. 3 Juin. Payé achats divers pour l'*Eugénie*, 1.306 fr. — Soldé également pour réparations, 1.132 fr.

Art. 105. Assuré par Larin frères et Cie l'*Eugénie* et sa cargaison, contre les risques, pour la somme de 18.000 fr. J'ai souscrit une prime de 10 0/0 par un billet à 7 mois de terme.

12e DEVOIR

Art. 106. 5 juin. Escompté à Delaunay les effets suivants qu'il a passés à mon ordre.

Billet	Langlois,	20 juillet	2.600 fr.
—	Vergniand,	— d°	1.241 fr.
—	Dupré,	— d°	3.000 fr.
Acceptation	Martinet,	31 d°	2.500 fr.
Billet	Roussel,	1er août	1.510 fr.
—	Simoneau,	5 d°	2.411 fr.
—	Lesieur,	15 d°	1.240 fr.
Acceptation	Caron,	— d°	2.700 fr.
Billet	Robert,	— d°	3.310 fr.
—	Marcelot,	31 d°	2.000 fr.
—	Reuvière,	— d°	1.000 fr.
—	Tessier,	— d°	6.000 fr.

Intérêts 6 0/0. — Commission 1/4 0/0.

Art. 107. 5 Juin. Touché le montant de l'effet de Langlois, échu ce jour, 3.488 fr.

14e DEVOIR

Art. 108. 7 Juin. Négocié les effets de l'art. 106 à Defaure et Cie qui m'ont donné en retour mon effet O/ Rousseau, escompte sans commission 6 0/0.

Remis en espèces le solde.

Total des escomptes perdus, 322 fr. 08.

Total des escomptes gagnés, 394 fr. 66.

Remise en espèces par Dufaure pour balance des escomptes 72 fr. 38.

Art. 109. 10 Juin. Négocié au cours de 210 fr., 100 florins, que Langlois m'a remis comme montant de sa traite, soit 21.000 fr.

Art. 110. 10 juin. Fait à Lerouge, pour l'obliger, un billet payable au 31 août prochain, de 21.000 fr.

Art. 111. 11 Juin. Reçu des suivants, débiteurs de la succession de mon oncle, les sommes ci-après :

De Larivière 381 fr. ; de Paul Leriche 38 fr. 40; de Henri Pinson 411 fr. ; de Amélie Pinson 210 fr. Créance Laloge 238 fr. Créances mauvaises 2.521 fr. 90.

Art. 112. 12 juin. Payé pour frais divers et pour l'équipage de l'*Eugénie* 4.100 fr.

Art. 113. 13 Juin. Reçu de Langlois 50 pièces de toile mesurant 5,064 m. qu'il m'a chargé de vendre.

Payé pour frais de port 52 fr.

Art. 114. 13 Juin. Vendu sans garantie à Grippon mes mauvaises créances de 2.521 fr. 90 qu'il m'a payées comptant 500 fr.

Art. 115. 14 Juin. Vendu à Imbert au comptant 50 pièces de toile de la consignation Langlois, soit 3.000 m. à 4 fr. le m.

15e DEVOIR

Art. 116. 15 Juin. Payé ce jour les effets suivants :

Mon billet O/ Bordier, échu ce jour, 7.000 fr. ; la traite Mellier, Berthoud et Cie, 6.000 fr.

Art. 117. 15 Juin. Payé par anticipation à Larive la traite de Mellier, Berthoud et Cie, dont échéance au 30 courant 5.280 fr. et dont il était porteur. Escompte 6 0/0, remis en espèces 5.266 fr. 80.

Art. 118. 17 Juin. Vendu les 2.054 mètres qui restaient de la consignation Langlois à 2 fr. 50 le m.

A déduire 1 fr. 50 0/0 sur cette vente et sur la première pour ma commission.

Art. 119. 25 Juin. Acheté aux suivants les marchandises ci-après :

1) à Lefort, sa facture de 4.672 fr. réglée en mon billet 20 août.

2) à Barillon, sa facture de 7.500 fr. réglée comme suit en mon billet au 20 août 3.750 fr. ; en espèces le reste, sous retenue d'un escompte de 3 0/0 pour le comptant.

Art. 120. 26 Juin. Réglé mon billet du 25 août, facture Le Boucher pendules, 5.200 fr.

16e DEVOIR

Art. 121. Envoyé à Langlois ce qui suit pour qu'il me le vende :

27 Juin. 6 barils olives, net 360 kil à 2 fr. 20.
200 boîtes sardines à 5 fr. pièce.
2 tierçons riz Caroline, net 410 kil., le tout 255 fr. 40.
300 bouteilles de champagne à 2 fr. 50 la pièce.
Déboursé pour emballage et transport 110 fr.

Art. 122. Payé ce jour les effets suivants : M/ B/ O Guil-
30 Juin. bert échu ce jour 12.000 fr. M/ obligation de la Compagnie d'assurance 300 fr.

Art. 123 Rendu à Garnier son billet de 1.000 fr. payable
30 Juin. au 31 juillet qu'il m'a remplacé par un crédit de 1.000 fr.

Art. 124. Réglé Rousseau en mon billet à 3 mois des 80 ton-
30 Juin. neaux de vin qu'il m'a fournis. Débité à tort dans l'art. 85. — *Article à contrepasser*.

Art. 125. Reçu ce jour le montant d'un effet sur Bordeaux
30 Juin. au 20 avril, qu'on avait omis de présenter à son échéance.

17e DEVOIR

Faire la balance trimestrielle d'avril, mai et juin.
Balance de sortie.

18e DEVOIR

Etablir par relevé le compte du navire l'*Eugénie*.

19e ET 20e DEVOIR

Etablissez, avec l'aide du modèle de la page 76, l'Inventaire de toute la comptabilité (six mois).

CHAPITRE VII

DES COMPTES COURANTS

MANIÈRE D'ÉTABLIR UN COMPTE COURANT

Débit (côté gauche)

La 1re colonne 1 renferme les dates de l'année et du mois.
La 2e — 2 le montant des versements et celui du retour des traites impayées.
La 3e — 3 comprend les détails.
La 4e — 4 intitulée époques, indique le terme à partir duquel l'intérêt est dû en descendant vers le jour de l'arrêté du compte.
La 5e — 5 indique le nombre de jours.
La 6e — 6 les intérêts à 6 0/0 des sommes portées dans la seconde colonne, calculés d'après le nombre de jours qu'indique la colonne précédente.

Crédit (côté droit)

La 1re colonne 1 contient les dates des opérations de même qu'au débit.
La 2e — 2 renferme les totaux des bordereaux reçus à l'escompte.
La 3e — 3 le détail de ces bordereaux.
La 4e — 4 l'époque jusqu'à laquelle on compte les jours, en partant de l'ouverture du compte courant.
La 5e — 5 le nombre de jours.
La 6e — 6 le prix de l'intérêt à 6 0/0.

Observation. — Le taux à 6 0/0 offre particulièrement un grande facilité au calcul. — L'intérêt étant d'un 1/2 0/0 par mois, on trouve aisément celui d'une somme quelconque en comptant pour chaque mois 0 fr. 50 par 100 fr., et un demi centime par franc.

1er Exemple : Quel est l'intérêt de 230 fr. pendant 3 mois, au taux de 6 0/0.

200 fr. à 1 fr. par mois, 0 fr. 50 0/0 donnent. . . 3 fr.
30 fr. par le nombre de mois produisent 0.90 dont la 1/2 est de. . . . » 45
230 Réponse . . 3 fr. 45

Pour 3 0/0 on prend la moitié; pour 4 0/0 on retranche 1/3.

2e Exemple : Trouver l'intérêt de 1.000 fr à 6 0/0 pendant 87 jours.

Je prends l'intérêt de 60 jours. 10
Ensuite intérêt de 15 jours, le 1/4 de 60. . . . . 2 50
Ensuite intérêt de 10 jours, le 1/6 de 60. . . . . 1 67
Et l'intérêt de 2 jours, le 1/5 de 10 . . . . . . » 33

Total pour 87 jours. . . 14 50

1 MODÈLE d'un COMPTE COURANT calculé par les parties aliquotes, d'après la nouvelle Méthode

DOIV[t] Mrs FORTIN et Cie, Négts à Paris. à BOUCHARD et Cie, banquiers à Liège L/ Cte courant et d'intérêts, arrêté au 30 juin AVOIR

DÉBIT						CRÉDIT					
1910 1	2	3	4	5	6	1910 1	2	3	4	5	6
Avr. 1	3000 »	N/. R/. s/. Paris valeur de	ce jour	Ep.	» »	Avr. 1	2500 »	L/. R/. sur dix. pl. valeur du. . .	24 avril	25	10 41
Mai 1	3000 »	Especes env. par ch. de f.	1er mai	31	15 50						
Juin 15	4500 »	N/. R/. s/. Paris valeur du	20 juin	80	60 »	» 25	3000 »	L/. R/. sur div. pl. valeur du. . .	5 mai	35	17 50
» 28	3500 »	N/. R/. s/. Paris. . .	5 juill.	95	55 42						
	19 91	Bal. des intérêts à 6 p. 100			19 91	Mai 31	4000 »	L/. R/. sur div. pl. valeur du. . .	10 juin	70	46 67
						Juin 25	3500 »	L/. R/. sur div. pl. valeur du. . .	15 juillet	105	61 25
								Balance des cap. (100)		90	15 »
							1019 91	Solde débiteur.			
	14019.91				150 83		14019 91				150 83
	1019 91	Débiteurs à N/ valeur du	1er juil.					Sauf erreur ou omission			

2 MODÈLE DE COMPTE COURANT calculé par les parties aliquotes, d'après la nouvelle Méthode.

DOIT. M. BOUCHER, son compte courant et d'intérêts, chez LEBLANC et Cie. arrêté au 30 juin. AVOIR.

1910						1910					
Avr. 1	1282 50	Solde à nouv. valeur du	31 mars	Ep.	» »	Avril 5	1282 50	S/. R/. à vue valeur du	5 avril	5	1 07
» 12	3000 »	N/. remise s/. Nantes.	31 mai	60	30 »	» 9	5400 »	— s/. Lille. . .	20 mai	50	45 »
» 16	2200 »	S/. mandat o/. Fardel.	30 avril	30	11 »	» 18	2000 »	S/. mandat s/. Laffite	30 »	60	20 »
» 21	1450 »	S/. T. acceptée o/. Morin.	10 juin.	70	16 92	Mai 1	2850 »	S/. f[re] cafés . .	20 avr.	20	9 50
Mai 6	451 25	R/. de S/. R/. 440 s/. Lyon	5 mai.	35	2 63	» 5	500 »	S/. S/. s/. Orléans .	15 mai	45	3 75
» 17	2125 75	N/. R/. s/. le Havre. .	30 »	60	21 25	» 25	3000 »	Accep. de N/. T/. o/. Bonnet	15 juin	75	37 50
» 18	4030 »	Prod. de la vente de s/. sav.	15 »	45	30 22	Juin 1	2090 40	Reç. de Morel p. s/. Cie	11 »	71	24 73
» 27	1020 »	Ret. d'un eff. prot. s/. Reims.	26 »	56	9 52	» 20	2511 50	Remb. de la traite s/. Lopez. . . .	17 »	77	32 22
Juin 13	1000 »	Pour autant reçu de Bourdin	10 juin.	70	11 67	» 21	1990 40	S/. T/. s/. Léonard .	30 »	90	29 85
» 25	5000 »	N/. R/. s/. Rouen. . .	30 »	90	75 »	» 23	2000 »	S/. R/. s/. Aubert .	31 juil.	120	40 »
» 29	2000 »	— s/. Fécamp . .	15 juil.	105	35 »	» 26	1000 »	— Hartmann.	20 août	140	23 33
		Bal. des capitaux 1065.30		90	15 97						
					259 18						
	» 77	Balance des intérêts. .			7 77						
	1057 53	Solde créditeur.									
	24624 80				266 95		24624 80				266 95
							1057 53	Solde à N/. valeur du	1 juil.		
								Sauf erreur ou omission. *Paris, le 30 juin 1865.* LEBLANC et Cie.			
1	2	3 Débit.	4	5	6	1	2	3 Crédit.	4	5	6

MANIÈRE D'ÉTABLIR UN COMPTE COURANT D'ENCAISSEMENTS ET D'INTÉRÊTS

Débit (à gauche)

La 1re colonne 1 renferme les dates de l'année et du mois.
La 2e — 2 renferme le montant des versements et celui des retours de traites impayées.
La 3e — 3 comprend les détails.
La 4e — 4 intitulée époques (voir les tableaux précédents).
La 5e — 5 indique ce nombre de jours.
La 6e — 6 les intérêts à 6 0/0 (voir les tableaux précédents).

Crédit (à droite)

La 1re colonne 1 contient les dates des opérations de même qu'au débit.
La 2e — 2 renferme les totaux des border. reçus à l'escompte.
La 3e — 3 le détail de ces mêmes bordereaux.
La 4e — 4 le taux du change, qui varie suivant les places.
La 5e — 5 le montant des changes.
La 6e — 6 les détails et l'échéance.
La 7e — 7 l'époque jusqu'à laquelle on compte les jours en partant de l'ouverture du compte courant.
La 8e — 8 indique ce nombre de jours.
La 9e — 9 le prix de cet intérêt à 6 0/0.

POUR BALANCER CE COMPTE

1o On additionne les sommes capitales.

Au crédit 11.122 95
Au débit 7.868 25

Différence 3.264 70

2o On prend l'intérêt de cette somme 3.264 fr. 70 en la multipliant par le nombre de jours durant lesquels l'intérêt est dû, 92 jours ; on divise le produit par 6, et l'on trouve au quotient 50 fr. 04 que l'on porte dans la colonne des intérêts; côté du débit.

3o On balance ensuite les intérêts, il y a d'un côté, au débit. 116 23
De l'autre côté, au crédit 53 25

Différence 62 98

On porte cette différence du côté du crédit, dans la colonne des intérêts, où elle balance les 116 fr. 23 portés de l'autre côté.

4o Les banquiers payent à raison de 4 0/0 des fonds dont ils restent détenteurs. On porte cet intérêt, qui est de 41 fr. 99, dans la colonne des sommes du crédit.

5o Les frais de change, 48 fr. 47, sont portés dans la colonne du débit.

6o La somme des capitaux du débit et du crédit forme un compte nouveau de 3.257 fr. 77.

8 Marcel Fleury. Son compte d'Encaissement et d'Intérêts au COMPTOIR NATIONAL D'ESCOMPTE AVOIR

Arrêté au 30 Septembre 1910

1	2	3	4	5	6	1	2	3	4	5	6	7	8	9
DATES 1910	SOMMES	INDICATION DES VALEURS	ÉPOQUES	Nombre de jours	INTÉRÊTS	DATES 1910	TOTAL DES BORDEREAUX	MONTANT des valeurs	Taux du change	MONTANT des changes	INDICATIONS DES VALEURS	ÉPOQUES	Nombre de jours	INTÉRÊTS
Juill. 10	126 80	Rhodez, impayé.	30 juin.	Ep.	» »		3780 »				Solde créditeur au	30 juin.	Ep.	» »
» 21	1700 »	N/ Payement.	21 juill.	21	5 95			530 90	2/3	4 20	Savigny. 10 juil.	15 juil.	»	
» 26	176 25	Rennes, impayé.	15 »	15	» 44	Juil. 5	1281 90	651 »	1/2	3 25	Vezelay. à vue.	» »	15	3 20
» 31	1000 »	N/ Payement.	31 »	31	5 16	» »		* 94	1/8	» 13	Amiens. id.	24 »		
Août 9	201 50	Evreux, impayé.	» »	»	1 05	» 14	378 15	284 14	1/4	» 71	Belfort. 20 juil.	» »	24	1 51
» 13	1500 »	N/ Payement	13 août.	44	11 »	» »		700 »	5/8	4 38	Magny. à vue.	31 »		
» 18	2000 »	id.	18 sept.	80	26 57	Août 21	1698 15	998 15	1/2	4 99	Breteuil »	» »	31	8 77
» 20	1000 »	id.	20 »	82	13 67	» 6	600 »	600 »	3/	2 25	Lillers. »	16 août.	47	4 70
» 28	164 15	Nancy, imp. 20 sept.	21 »	83	2 25	»		2024 35	1/3	9 74	Toulouse. »	31 »		
		Bal. des capitaux												
Sept.		3264,25 à 6 p. 0/0	30 »	92(1)	50 04	» 21	3394 75	470 40	4 %	18 82	Turin. »	» »	62	35 07
	48 47	Changes.												
	3257 77	Solde à nouv. 30 sept.					41 99				Bal. des intér. à 4 0/0			62 98
	11174 94				16 23		11174 94			48 87				116 23
						Sept. 30	3257 73				Sde créd., val. 30 sept. *Sauf err. ou omiss.*			

(1) L'année est comptée ici comme étant de 365 jours.

* Le change sur les sommes au-dessous de 100 fr. est compté comme sur 100 fr. ; il est des places étrangères où on le prélève sur un minimum de 200, 300, 400 et même 500 francs.

MODÈLE D'UN BORDEREAU DE RECETTES

Recettes du 31 janvier 1910

FOLIOS	DÉBITEURS	RELEVÉS	SOMMES		OBSERVATIONS
DES COMPTES	Noms et adresses	DATES	à recevoir	reçues	
	BAZINET, Châtillon-s.-Seine (Côte-d'Or).	Octobre	184 75	184 »	Les centimes au-dessus de 100 fr. ne sont pas exigés.
	Marguerite FLEURY, La Réole, (Gironde).	Id.	480 25	480 »	
	Elie MATET, à Livry (Seine-et-Oise).	Novembre	250 »	—	Impayé.
	PINSON Amélie, 4, rue de l'Assomption (Paris).	Décembre	419 10	419 »	0.75 0.25 0.10
	Encaissé. . .	. . . . .	. . . . .	1.083 »	1.10+250
	Impayé et centimes retenus.	. . . . .	. . . . .	251 10	
		Totaux. .	1.334 10	1.334 10	

TABLE

des Abréviations usitées dans le Commerce

Ass^{ce}.	Assurance.
Bal /.	Balance.
B^{co}.	Banco.
B^{que}.	Barrique.
B. à R^{oir}.	Billets à recevoir.
B. à P^{er}	Billets à payer.
B^{auts}.	Boucauts.
C^{sse}.	Caisse.
Cie.	Compagnie.
Comm.	Commission.
Cte C^{t}	Compte courant.
C/V.	Cette ville.
E^{ff}.	Effet.
E^{ff} à R^{oir}.	Effets à recevoir.
E^{ff} à P^{er}.	Effets à payer.
Esc^{te}.	Escompte.
F^{act}.	Facture.
H^{ect}.	Hectolitre.
F^{cs}.	Francs.
J^{al}.	Journal.
Kilog.	Kilogramme.
Liq^{on}.	Liquidation.
M^{ises} gén.	Marchandises générales.
M/C. S/C. V/C.	Mon compte; son compte, votre compte.
M/O. S/O. V/O.	Mon ordre, son ordre; votre ordre.
N^{ég}.	Négociant.
Nég^{on}.	Négociation.
P^{ce}.	Pièce.
P. P. P.	Pour prompt paiement.
Pr. et P^{tes}.	Profits et pertes.
Q^{é}.	Qualité.
R^{em}.	Remise.
T^{aux}.	Tonneaux.
T^{te}.	Traite.
U^{a}.	Usance.
0/0. p. 0/0.	cent; pour cent.
0/00. p. 0/00	mille; pour mille.

PETIT LEXIQUE COMMERCIAL

Accaparer. — C'est acheter une grande quantité de marchandises de même espèce pour en rendre la circulation plus rare, et pouvoir ainsi les revendre à un prix très élevé. Le 26 juillet 1793, la Convention décréta que l'accaparement était un crime capital.

Acceptation. — L'acceptation est la promesse écrite, au bas d'une lettre de change ou traite, d'en payer le montant à son échéance.

Il en résulte qu'elle peut se faire par lettre-missive.

Accommodement ou Accord. — Convention que fait un commerçant avec ses Créanciers pour éviter une faillite.

Achat. — Action de se procurer de la marchandise moyennant un prix convenu, payable à une époque déterminée.

Acquit. — Attestation qu'une somme a été payée; il s'explique ordinairement : **Pour acquit**, suivi de la signature.

Acte de Commerce. — La loi commerciale entend par *acte de commerce* : tout achat de denrées et marchandises, pour les revendre, soit en nature, soit après les avoir travaillées et mises en œuvre, ou même pour en louer simplement l'usage. Il n'y a que les choses mobilières qui puissent devenir l'objet d'un acte de commerce.

Actif. — L'actif d'une maison de commerce est tout ce qu'elle possède en mobilier, en marchandises, en espèces, en valeurs et en créances ; — le **Passif**, c'est ce qu'elle a à payer sur facture, sur billets, sur acceptations, sur engagements, ou sur parole. La fortune d'un commerçant se compose de l'excédent de l'actif sur le passif ; c'est ce qu'on appelle le Capital.

Action — Part de propriété ou d'intérêt qu'une personne a dans une opération, un fonds de commerce ou une entreprise quelconque, moyennant un certain apport de capitaux ; titres qui donnent droit à cette part. — **Action nominative,** celle qui contient le nom de la personne à laquelle on l'a délivrée. —

Action au porteur, celle dont la jouissance est attribuée à celui qui en est le porteur. — **Actions industrielles**, celles qui sont attribuées aux fondateurs ou administrateurs d'une entreprise industrielle.

Le propriétaire d'une action est actionnaire.

Actionnaire. — C'est le propriétaire d'une action dans une société commerciale, en *commandite* ou *anonyme*.

Agio. — Différence entre la valeur nominale et la valeur réelle des monnaies, entre les monnaies d'or et celles d'argent, entre l'argent et le papier de banque, entre deux monnaies de pays différents ; dans ce dernier cas, on dit plutôt change.

Agréés. — Les agréés sont des hommes de loi qui ont pour mission de représenter les parties devant les tribunaux de commerce.

Allonge. — L'allonge est une bande de papier libre que l'un des endosseurs ajoute à un effet de commerce, lorsque les endossements qui précèdent le sien remplissent déjà le dos de cet effet.

Amiables Compositeurs. — On appelle ainsi les arbitres auquels les parties donnent pouvoir de décider sur leurs différends.

Amortissement. — Se dit du remboursement du capital lorsqu'il se fait par parties.

Ampliation. — Signer une quittance par ampliation, c'est en signer une seconde, par la perte de la première, ou comme duplicata.

Annuité. — Payement annuel qu'un débiteur fait pendant un nombre déterminé d'années.

Annüler. — Le mot, en termes de tenue de livres, signifie rendre un article nul.

Appel. — C'est le recours à un tribunal supérieur pour lui demander la réformation d'un jugement émané d'un tribunal inférieur.

Appoint. — Toute somme qui fait le solde ou la balance d'un compte.

Apurement de comptes. — L'apurement des comptes consiste dans une vérification des registres de la comptabilité.

Apurer. — Apurer un compte, c'est s'assurer s'il est complètement en règle.

Arbitrage. — L'arbitrage est une opération par laquelle une ou plusieurs personnes appelées arbitres, et choisies par les parties ou désignées, par la justice, prononcent avec appel ou en dernier ressort sur le différend qui leur est soumis.

Arbitre. — Celui qui est choisi par les parties intéressées ou qui est désigné par la justice pour mettre d'accord les différends.

Arrêté de compte. — Règlement de comptes.

Article. — Diverses parties d'un compte. Il se dit des divers objets de commerce.

Association. — Union de plusieurs personnes dans un but ou un intérêt commun.

Atermoiement. — Contrat par lequel un débiteur malheureux expose sa situation et ses pertes à ses créanciers qui lui accordent, ou seulement un délai pour payer ses dettes, ou une remise.

Avoir. — Chaque compte se divise en deux parties : le **Doit** et l'**Avoir**. Le **Doit** occupe la droite et renferme tout ce que nous livrons à nos acheteurs, tout ce que nous donnons à nos vendeurs ; l'**Avoir** est à gauche et contient tous les paiements que nous avons reçus de nos acheteurs, toutes les marchandises que nous avons reçues de nos vendeurs.

Balance. — La Balance, en langage de tenue de livres, est une opération qui consiste à additionner les **Doit** et **Avoir** des comptes ; à prendre le solde ou différence du **Doit** et de l'**Avoir**, et à porter ce solde du côté le plus faible pour obtenir une somme égale des deux côtés.

Banqueroute. — Cessation de paiement et de commerce. *Banqueroute simple*, celle qui a pour cause des dépenses excessives. La *Banqueroute frauduleuse*, celle où le commerçant failli a frustré ses créanciers en détournant ou en dissimulant une partie de son actif.

La Banqueroute frauduleuse est passible de peines graves.

Banquier. — On désigne sous le nom de banquier, celui qui tient une maison de banque, qui s'occupe du commerce du change et des opérations accessoires.

Bénéfice. — Profit, gain que fait un commerçant sur les marchandises qu'il vend.

Bénéficiaire. — On appelle ainsi celui à l'ordre de qui un effet a été souscrit.

Billet à Ordre. — Valeur souscrite à l'ordre d'un tiers par un commerçant ou autre personne majeure. L'endossement d'un billet est la mention que le propriétaire de ce billet met au dos de cet effet à l'ordre de payer le montant.

Bordereau. — Etat ou note des espèces diverses qui composent une certaine somme.

Bourse. — Lieu public dans lequel s'assemblent, à heures fixes, les négociants et les banquiers pour y traiter d'affaires de commerce ou de banque.

Brouillard. — Livre sur lequel un commerçant prend acte de ses opérations à mesure qu'elles se font (moment par moment et jour par jour) pour les reporter ensuite au propre sur le livre journal.

Brut. — Matière qui n'est pas façonnée.

Caisse. — Compte indiquant toutes les sommes qui y entrent et qui en sortent. Faire sa caisse, vérifier la caisse.

Capital. — Chiffre représentant l'avoir net du commerçant. Somme, valeurs diverses, etc.

Caution. — Celui qui répond ou s'engage pour un autre dans une affaire quelconque.

Cautionnement. — Contrat par caution.

Cédant. — Celui qui cède un effet de commerce, le dernier endosseur d'un effet.

Certificat. — Attestation d'un fait quelconque afin de rendre hommage à la vérité.

Cession. — Convention par laquelle une personne transfère ses droits sur une chose ou sur une créance.

Cessionnaire. — Celui à qui a été remis un effet.

Chambre de Commerce. — Réunion de commerçants formée dans certaines villes, sous l'autorité du gouvernement, pour faire connaître les besoins et les moyens d'amélioration dans tout commerce.

Change. — Le change est une opération par laquelle on échange une somme d'argent ou une autre valeur contre une créance ou des effets payables.

Chèques. — Les Chèques sont définis et réglés par la loi du 14 juin 1865, dont nous reportons le texte : « Le chèque est l'écrit qui, sous la forme d'un mandat de paiement, sert au tireur à effectuer le retrait, à son profit ou au profit d'un tiers, de tout ou partie des fonds portés au crédit de son compte chez le tiré et disponibles. Il est signé par le tireur et porte la date du jour où il est tiré. Il ne peut être tiré qu'à vue. Il peut être souscrit au porteur ou au profit d'une personne dénommée ».

Colis. — Contenant et contenu de tous les objets emballés, tels que caisses, balles, ballots, etc.

Commanditaire. — Bailleur de fonds pour une entreprise quelconque.

Commandite. — Société formée par un ou entre plusieurs capitalistes et un ou plusieurs spéculateurs.

Commerçant. — Personne qui exerce des actes de commerce et qui en fait sa profession.

Commerce. — Négoce d'argent ou de marchandises. Achat, vente, échange.

Commettant. — Commerçant chargeant un autre de faire une ou plusieurs opérations pour son compte.

Commis. — Employé dans une maison de commerce.

Commissionnaire. — Agent intermédiaire ; personne traitant pour le compte d'autrui.

Commis-Voyageur. — Personne voyageant pour le compte d'une maison.

Commission. — Mandat donné par un commerçant à un autre à l'effet d'acheter ou de vendre des marchandises. Le salaire accordé au commissionnaire et la part que prend le banquier outre l'intérêt légal s'appellent aussi Commission.

Comptabilité. — Action d'établir des comptes à l'aide de livres.

Comptable. — Personne tenant des comptes ; teneur de livres.

Compte. — Etat des recettes et des dépenses d'une maison de commerce ou autre. — **Compte courant** : relevé des sommes reçues et avancées de part et d'autre.

Contrat — Convention écrite entre plusieurs personnes par laquelle une, ou chacune d'elles, s'oblige à donner ou à faire quelque chose.

Contrat de Mariage. — Acte qui règle les conditions

civiles du mariage et détermine sous quel régime les époux doivent se marier.

Convention. — Accord entre plusieurs personnes.

Conversion. — Echange.

Coulage. — Déchet qui se manifeste sur les marchandises.

Courtage. — Rétribution accordée au courtier.

Courtier de Commerce. — Agent institué par la loi pour servir d'intermédiaire dans la commerce des marchandises, afin d'en faciliter l'achat, la vente, et d'en constater le cours.

Couverture. — Garantie par laquelle on assure un payement.

Crédit. — Réputation de solvabilité dont on jouit et qui permet à acheter à terme ou à emprunter. — Confiance qu'inspirent les papiers et les effets de commerce de telle ou telle personne.

Créditer. — Ecrire sur le journal et le grand-livre ce que l'on doit à quelqu'un.

Créditeur. — Celui à qui il est dû.
Un compte est créditeur lorsque son avoir ou crédit excède son doit ou débit.

Crises Commerciales. — Perturbations dans les affaires commerciales.

Débit. — Compte de doit ; page à gauche d'un compte.

Débiter. — Porter une somme au débit.

Débiteur. — Celui qui doit.
Un compte est débiteur lorsque son doit ou débit excède son avoir ou crédit.

Décompte. — Déduction sur une somme qu'on paye.

Dettes. — Sommes dues. — Les dettes sont actives lorsqu'elles se composent de tout ce qui est dû à un commerçant par ses clients. Les dettes sont passives lorsqu'elles se composent de tout ce que ce commerçant doit.

Dividende. — Portion d'intérêt ou de bénéfice.

Dommages-intérêts — Réparation du préjudice qu'a éprouvé une personne.

Droit commercial. — Science des lois du commerce.

Echange. — Troc que l'on fait d'une chose pour une autre.

Echantillon. — Petite partie prise sur une marchandise quelconque et destinée à en faire apprécier la qualité et la valeur.

Effets de Commerce. — Valeurs que les commerçants créent pour tenir lieu d'espèces dans les opérations qui se font à crédit.

Effets à payer. — Billets souscrits par nous ou traites tirées sur nous.

Effets à recevoir. — Billets ou traites dont le montant doit nous être payé.

Encaisse. — Somme existant en caisse.

Endos ou Endossement. — Ordre de payer qu'on met au dos d'un billet à ordre ou d'une lettre de change.

Endosser. — Passer un billet à ordre à quelqu'un en plaçant au dos sa signature.

Endosseur. — Celui qui met un endos sur un effet.

Enseigne. — Emblème ou nom désignant un établissement commercial.

Escompte. — Diminution faite sur le montant d'une facture payée au comptant.

Escompter. — Payer avant terme moyennant un escompte. Escompter un billet, une lettre de change.

Escompteur. — Celui qui fait l'escompte en donnant son argent en échange d'un effet ou d'une autre valeur.

Expert. — Personne instruite que les parties prennent pour donner son avis sur un point contesté ou celui qu'un tribunal choisit pour donner son avis sur des questions que les magistrats ne peuvent apprécier par eux-mêmes, parce qu'ils exigent des connaissances spéciales.

Expertise. — Opération à laquelle se livrent les experts.

Exportation. — Transport des marchandises à l'étranger.

Extrait. — Relevé d'un compte que l'on adresse à un intéressé qui doit en faire la vérification.

Fabricant. — Celui qui fabrique ou fait fabriquer.

Fabrique. — Etablissement où l'on fabrique.

Facture. — Note détaillée des objets vendus, en y indiquant les prix et les conditions de la vente.

Faillite. — Action ou état d'un commerçant qui dépose son bilan et cesse ses payements.

Falsification.— Acte par lequel un fabricant ou un marchand mélange à un produit quelconque des substances étrangères qui sont défendues par la loi ou non reconnues.

Folio. — Numéro des pages d'un livre de commerce.

Fonds. — Argent, espèces, capital qui sert au commerce.

Fonds de Commerce. — Ce qui compose un établissement commercial : marchandises, clientèle, bail, local, etc..

Forfait. — Convention par laquelle une personne s'engage envers une autre à faire ou à livrer une chose.

Fournir sur quelqu'un. — Faire une traite sur quelqu'un : client ou correspondant.

Frais généraux. — Frais ordinaires d'une maison de commerce autres que ceux de l'achat des marchandises. — On les porte ordinairement au journal en un seul article, à la fin du mois.

Gage. — Contrat par lequel un débiteur, ou quelqu'un pour lui, remet au créancier une chose mobilière pour sûreté de la dette. Le gage donne au créancier le droit de se faire payer sur la chose qui en est l'objet, en se soumettant à certaines formalités

Garant. — Celui qui est tenu de l'accomplissement de l'engagement pris par un autre.

Grand Livre. — Livre qui contient, à chaque compte particulier, les articles portés sur le livre journal. (Dans le Grand Livre, chaque article et chaque client ont un compte particulier).

Hausse et Baisse. — Variations, augmentations ou diminutions qui ont lieu dans le cours des effets publics et dans le cours des marchandises.

Haussier. — Spéculateur qui fait hausser le cours des effets publics ou des marchandises.

Industrie. — Ensemble des différentes filatures, des différents ateliers et des différents métiers.

Importation. — Transport que l'on fait dans un pays des marchandises venant du dehors.

Intérêt. — Profit qu'un créancier tire de l'argent qui lui est dû. Somme que rapporte un capital placé. L'intérêt fixé par la loi est de cinq pour cent en matière civile et six pour cent pour le commerce.

Inventaire. — Etat de tout ce que possède et de tout ce que doit un commerçant. La loi ordonne à tout commerçant de faire chaque année un inventaire.

Jaugeage. — Opération qui a pour but de faire connaître la capacité d'une mesure contenant des liquides ; feuillette, fut, tonneau, etc.

Journal. — Livre de commerce sur lequel est relaté jour par jour les opérations commerciales du commerçant.

Jugement. — Décision d'un tribunal sur une contestation ou sur une demande qui lui est soumise.

Lettre de change. — Traite faite par un négociant sur son correspondant, au profit d'un tiers qui a fourni la valeur.

Lettre de crédit. — Lettre par laquelle un commerçant prie un de ses correspondants de remettre une somme à la personne dénommée dans sa lettre.

Lettre de voiture. — Ecrit confié au voiturier, indiquant la nature et le poids des objets dont ce voiturier est chargé de transporter.

Liquidateur. — Mandataire chargé de liquider ou de mettre à fin les affaires d'une maison de commerce ou d'une société.

Liquidation. — Règlement consistant à faire l'inventaire, à dresser le bilan, à réaliser l'actif, payer les dettes et partager les bénéfices. Tout commerçant qui cesse ses paiements peut, en se conformant aux prescriptions de la loi du 4 mars 1889 portant modification à la législation des faillites, obtenir le bénéfice de la liquidation judiciaire.

Mandat. — Appelé aussi procuration ; est un acte par lequel une personne donne à une autre le pouvoir d'agir pour elle. Celui qui donne la procuration s'appelle mandant. Celui qui la reçoit et qui l'accepte s'appelle mandataire.

Marchand. — Celui qui fait la profession d'acheter et de vendre des marchandises.

Marchandises en solde — Marchandises de différentes provenances.

Monopole. — Trafic exclusif fait en vertu d'un privilège.

Mutualiste. — Membre d'une société mutuelle, c'est-à-dire d'une corporation de personnes de même profession se cotisant dans le but de s'entr'aider les uns les autres à tous les points de vue.

Négociation. — Action de négocier un effet ou autre valeur.

Net (poids). — Poids seulement de la marchandise.

Obligataire. — Propriétaire d'une ou plusieurs obligations.

Obligations. — Titres qui représentent les emprunts contractés par les villes, les sociétés commerciales et industrielles.

Ordre. — Déclaration par laquelle on cède à quelqu'un ses droits sur un effet de commerce.

Ordonnancer. — Mettre, suivant avis, à la signature d'une personne compétente une valeur, comme un ordre de payer cette valeur signée ou acceptée.

Opposition. — Acte par lequel un créancier arrête entre les mains d'un tiers (dépositaire) les sommes en effets mobiliers appartenant à son débiteur.

Parfaire. — Achever, ajouter ce qui manque.

Participation. — Association avec part dans les bénéfices.

Passer écriture. — Ecrire au Journal avec les modifications voulues, les articles du brouillard et des livres auxiliaires.

Passif. — Total des dettes d'un commerçant.

Pointage. — Pointer tous les articles pour trouver la trace d'une erreur commise, ou pour vérifier les comptes article par article.

Porteur. — Celui qui a en mains une valeur quelconque.

Prélèvement. — Sommes prises d'avance sur des bénéfices présumés.

Preuve. — Vérité établie d'un compte ou d'un fait.

Prix-courant. — Etat des prix de certaines marchandises.

Protêt. — Acte d'huissier qui constate le non payement d'un effet, la non acceptation d'une traite. Le premier s'appelle protêt faute de paiement ; le second protêt faute d'acceptation.

Provision. — Somme destinée à payer un effet de commerce ; somme que l'on conserve pour faire face à une échéance ou à une dépense.

Provisoire — Acte commercial se faisant en attendant un autre état, ou un acte définitif.

Rabais. — Diminution accordée sur le total d'un payement.

Récolement des marchandises. — Vérification qui a pour objet de savoir si toutes les marchandises sont portées dans l'inventaire.

Recouvrement. — Action de recouvrer la perception de sommes dues.

Recto. — Première page d'un feuillet à droite en ouvrant le livre. Opposition au verso.

Recours. — Action directe du porteur d'un effet de commerce contre tous les signataires.

Redressement. — Rectification d'une erreur dans un compte.

Reliquat. — Ce qui reste dû à quelqu'un après différents versements, une fois le compte arrêté.

Remboursement. — Restitution que l'on fait à une personne qui vous a fait une avance ou qui a soldé pour vous un effet de commerce.

Remise. — Diminution sur une somme d'argent, sur un prix de vente.

Renouvellement. — Nouvel effet fait pour remplacer un autre qui n'a pas été payé à son échéance.

Reporter. — Transcrire un article d'un registre sur un autre, ou un total d'une page sur une autre.

Retour. — Renvoi d'un effet. Retour sans frais.

Retraite. — Traite que l'on fait pour se rembourser d'un compte de retour.

Sauf-conduit. — Acte par lequel le tribunal de commerce, qui a rendu un jugement déclaratif de faillite, fait défense à tous agents de pouvoir arrêter le failli pour dettes commerciales.

Solder un compte. — C'est de régler d'une manière manière complète ce compte. C'est également porter du côté le plus faible la somme qui manque pour égaliser les additions du doit et de l'avoir, pour en arrêter définitivement le compte.

Souscripteur. — Celui qui signe un billet à ordre au profit d'un créancier.

Tare. — On appelle tare le poids de l'enveloppe ou de l'emballlage de la marchandise. On retranche la tare du poids brut (ou total) pour avoir le poids net.

Tireur. – Celui qui fait traite sur un débiteur commerçant. Ce dernier s'appelle tiré.

Trafic. — Négoce, commerce de marchandises.

Transaction. — Acte par lequel on s'arrange sur un différend.

Transfert. — Acte par lequel on cède à quelqu'un des rentes ou autres valeurs.

Troc. — Echange de marchandises contre des marchandises.

Valeurs. — Effet de commerce. billet de banque. Effets publics, lettres de change, actions, obligations.

Valeur. — Estimation approximative d'une marchandise.

Verso. — Seconde page revers d'une feuille. Opposition au recto.

Visa. — Formule par laquelle on atteste qu'un acte a été vérifié.

Voiturier. — Celui qui est chargé du transport des marchandises tant par terre que par eau. Le voiturier est garant de la perte des marchandises à transporter, hors toutefois d'un cas de force majeure.

Warrant. — Récépissé donné à un commerçant au moment où il fait déposer des marchandises dans un dock ou entrepôt et qui constate la valeur des marchandises déposées.

Le *Warrant* est négociable comme une lettre de change.

TABLEAU

Modèle de la Comptabilité en parties doubles avec tous les comptes réunis en une seule page

Comptes	Débit	Crédit
1	41.400 44	19.470 »
2	94.114 25	36.536 71
3	21.701 40	3.000 »
4	» »	30.300 »
5	6.482 95	236 50
6	2.220 »	76.315 »
	165.508 33	165.508 33

DATES	Folios	COMPTES	TOTAUX des articles au journal	MARCHANDISES GÉNÉRALES 1 Débit	MARCHANDISES GÉNÉRALES 1 Crédit	CAISSE 2 Débit	CAISSE 2 Crédit	EFFETS À RECEVOIR 3 Débit	EFFETS À RECEVOIR 3 Crédit	EFFETS À PAYER 4 Débit	EFFETS À PAYER 4 Crédit	PROFITS ET PERTES 5 Débit	PROFITS ET PERTES 5 Crédit	COMPTES GÉNÉRAUX DIVERS ET COMPTES COURANTS Débit	COMPTES GÉNÉRAUX DIVERS ET COMPTES COURANTS Crédit
1910															
Janvier 1	1	Caisse à Capital, pour autant reçu de mon père en avancement d'hoirie	60.000 »			60.000 »									60.000 »
3		Profits et Pertes à Caisse, pour frais généraux, fournitures de bureaux	1.150 75				1.150 75					1.150 75			
»		Profits et Pertes à Caisse, frais généraux 1.000 fr. pour loyer. Dépenses de Maison, 500 fr. pour id.	1.500 »				1.500 »					1.500 »			
5		Marchandises générales à Caisse, pour achats de marchandises à Lambert, de Paris	12.577 08	12.577 08			12.577 08								
6		Profits et Pertes à Effets à payer, pour prime d'assurance	300 »								300 »	300 »			
»		Profits et Pertes à Caisse, pour dépenses de Maison, achat mobilier	1.531 50				1.531 50					1.531 50			
7		Effets à Recevoir à Caisse, pour négociation de deux traites à Allier	5.917 »				5.917 »	5.917 »							
»		» à Profits et Pertes, pour escompte des susdites traites	83 »					83 »					83 »		
8		Marchandises générales à Caisse, pour transport, emmagasinage et appoint d'achat vins	2.656 60	2.656 60			2.656 60								
»		Marchandises générales à Effets à Recevoir, remis à Rousseau la traite sur Moreau au 15 mars pour solde desdits vins	3.000 »	3.000 »					3.000 »						
9		Caisse à Effets à Payer, pour autant que mon oncle m'a prêté pour 5 ans sans intérêts	30.000 »			30.000 »					30.000 »				
11	2	Marchandises générales à Guibert, du Havre, pour achats de savons	11.065 »	11.065 »											
»		Marchandises générales à Caisse, pour transport et emmagasinage des savons ci-dessus	282 »	282 »			282 »								
12		Caisse à Marchandises générales, pour vente de 35 barriques Médoc à Larroché de riV	3.750 »		3.750 »	3.750 »									
14		Effets à recevoir à Marchandises générales, pour vente de sucre et café à Lacroix, soldés en son billet au 15 mars	1.586 »		1.586 »			1.586 »							11.065 »
15	3	S. Langlois à Marchandises générales, pour vente de 20 barriques vin de Médoc	2.220 »		2.220 »									2.220 »	
16	3	Effets à recevoir à Langlois S., pour ma traite au 15 avril envoyée à l'acceptation	2.220 »					2.220 »							2.220 »
22		Profits et Pertes à Marchandises générales, Dépenses de Maison, pour 2 barriques vin Médoc	900 »		900 »							900 »			
26		Profits et Pertes à Caisse, pour vol qui m'a été fait	2.000 »				2.000 »					2.000 »			
28		Marchandises générales à Marchandises générales, pour vente à Rougier de 40 caisses savon et achat de 116 hl. 356	8.549 76	8.549 76	8.549 76										
»		Effets à recevoir à Marchandises générales, pour l'effet Rougier, à mon ordre, à 90 jours	2.500 »		2.500 »			2.500 »							
»		Caisse à Marchandises générales. Espèces reçues de Rougier, pour solde des savons	374 25		374 25	374 25									
»		Effets à recevoir à Caisse, pour nos valeurs prises à la négociation à J. Lemoine	9.131 71				9.131 71	9.131 71							
31		Effets à recevoir à Profits et Pertes, pour change et intérêts du retard	153 50					153 50					153 50		
			165.508 33	41.400 44	19.470 »	94.114 25	36.536 71	21.701 40	3.000 »		30.300 »	6.482 95	236 50	2.220 »	76.315 »

TABLE DES MATIÈRES

Imp. de la Vicomté. — Rouen, 75, rue de la Vicomté

Petites Nouvelles rimées, par E. FLEURY..... **0.75**

A PARIS, 69, rue Saint-Jacques, 69, PARIS, 5e
A GENNETINES, par Saint-Ennemond (Allier).

EN PRÉPARATION :

Petit Banquier, *Traité sur toutes les valeurs françaises et étrangères, Changes, Agios, etc.*, par E. FLEURY, avec la collaboration de M. L. TRÉHUDIC, professeur de Commerce et de Comptabilité.

www.ingramcontent.com/pod-product-compliance
Lightning Source LLC
LaVergne TN
LVHW020027170826
845678LV00001B/155

* 9 7 8 2 3 2 9 7 5 1 1 0 8 *